決定版作品集

そこに音楽がある限り

——フィギュアスケーター・町田樹の軌跡——

Atelier t.e.r.m：編著

新書館

決定版作品集

そこに音楽がある限り

——フィギュアスケーター・町田樹の軌跡——

Atelier t.e.r.m：編著

新書館

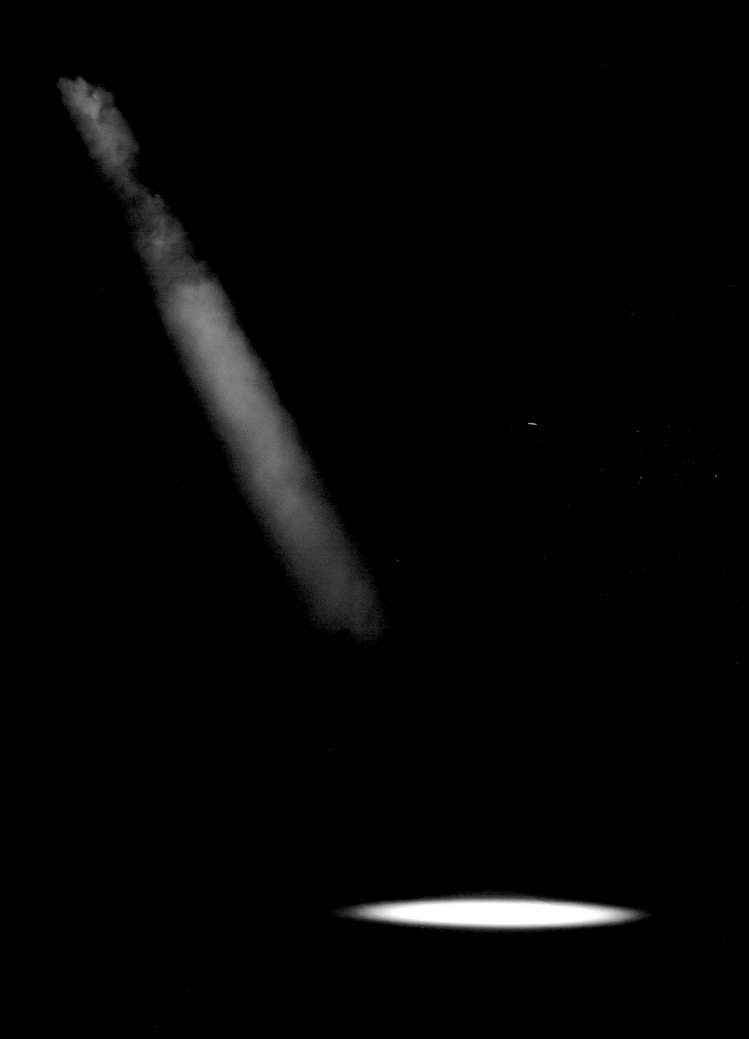

はじめに

　2018年10月6日、町田樹は渾身の最終2作品の上演をもって、氷上の演技者としてのキャリアに幕を閉じた。町田にとってはとりわけ、2013年度の全日本と世界選手権の躍進劇（共に銀メダル）の舞台でもあった思い出深い場所（さいたまスーパーアリーナ）での心温まる引退セレモニー、いつまでもいつまでも降り注ぐ観客の温かい拍手……それは、競技者、演技者、観客、スタッフの別を超えて共有し得た稀有な時間となった。

　本書は25年間にわたる町田樹のフィギュアスケーターとしての軌跡を、多様な側面の魅力を紹介しつつ、後世に残す記録である。町田は2014年12月28日に現役引退後は、大学院生の本業の傍らプロスケーターとして活躍、さらに振付と照明演出の新たな才能も世にあらわして、多くの観客を魅了した。

　Atelier t.e.r.m（以後Atelierと略称）は、現役最終段階の時代から現在に至るまで、その町田の活動を支えている匿名の制作集団である。日本在住の複数の研究者、芸術家から構成され、町田もメンバーの一人である。私たちは町田と共に新たな制作を楽しみ、果敢に未知の試みに挑戦してきた。Atelierの中でスケート技術があるのは町田一人であるが、他のメンバーは長くフィギュアスケートを観戦、鑑賞してきた。そして本業の傍らボランティアで、それぞれの能力を発揮して制作に参加している。それは何よりも、町田が信じる「フィギュアスケートは総合芸術である」というモットーを皆が共有しているからであり、いまだ開拓されていない数々の可能性を、私たちもまた見ているからである。2018年10月の引退を記念して出版される本書は、主に町田樹以外のAtelierメンバーが執筆している。

　【PART I　競技者・表現者　町田樹の軌跡】では、これまで未公開であったことも含めて、町田樹のスケーターとしての25年間の紆余曲折の歩みを記す。

　「氷上の哲学者」というマスコミによるレッテルは、初めは軽い揶揄を含みながらも、プロ引退時にはむしろ賞賛の意味に変わってはいった。しかし結局、壮絶な闘いを経てきた一アスリートの実態や内面を覆い隠し、画一的な視点でしかスケーターを評価することができないという現実を、私たちは知ることになろう。様々な困難の中で、なぜ彼が世界選手権準優勝という実績を得るまでに至ったか、私たちは後世に向けての「ドキュメンタリー」を正確に残すために、アスリートとアーティストのはざまに位置するフィギュアスケーターという独自の存在様態を、客観的に描き出したい。町田樹という存在を通して、極めて若い時期にピークが来るスケーターたちの苛酷な競技実態や、それを支えるはずの練習環境の劣化の状態、一方では真の芸術性に触れることによって花開く、奇蹟のような知的感受性と演技への反映の有り様も浮かび上がるだろう。

　さらにオリンピアンとなった彼が、プロの演技者・振付家・演出家として高い境地に到達したその軌跡を描きつつ、制作陣が心血を注いだプログラム制作の裏側を明かす。Atelier t.e.r.mのプログラムが、演技者町田を活かすべく、どのような構想と観点をもって制作されたのかを、初めてこ

こで明らかにしたい。【コラム2　衣裳の秘密】もまた、フィギュアスケートでは唯一の舞台装置とも言える衣裳に込めた思想や美学、制作過程やメンバーの想いを初めて明かすものである。

　さて本書のもう一つの魅力は何と言っても、主にジャパンスポーツの写真家諸氏による演技写真を集約した【PART Ⅱ　プログラム・アーカイブ】であろう。本書ではこれに工夫を凝らし、制作を単に時系列に紹介するのではなく、実は町田樹作品に流れる重要なテーマごとに、作品群を編成し直してみた。競技会作品も含めた主要作品に「セルフライナーノーツ」（断りの無い限り、町田樹執筆、Atelier監修）が付されている。新書館編集部による「誌上上演」の試みも披露する。その繊細な編集の妙も含め、読者の皆さまには写真家の方々の渾身の映像をぜひご堪能頂きたい。

　さらに【コラム1　フィギュアスケート写真の魅力──舞踊写真の新たな領域へ】は、このプログラム・アーカイブをより堪能して頂く一助として、これらのフィギュアスケート写真が、「舞踊写真」の一ジャンルとして捉えられることに加え、いかに新たな可能性を拓きつつあるのかについても御紹介しよう。

　次に、【PART Ⅲ　舞台を支えた人々から】は、とりわけプロ時代の町田の創作および演技活動を支えてきた、あらゆるプロフェッショナルの方々の「言葉」を綴る。アイスショー企画運営、音楽演奏、音楽編集、照明、トレーナー、スケート靴調整、バレエ指導、放送番組制作、テレビ実況解説、写真撮影……と、どれが欠けても成立しないこの世界の関係者たちの、町田樹に寄せる熱い思いと共に、プロの技能がいかに活きているかを知るだろう。

　そして本書最終部は、研究者・町田樹自身による文章【PART Ⅳ　フィギュアスケートとアーカイブの意味】が置かれている。これはフィギュアスケートとアーカイブの関係を問う学術的エッセイであり、図らずも本書が後世に持つ意味を問いかけることにもなろう。

　このように従来全く類例を見ないフィギュアスケート本としての本書は、町田樹という競技者がいかにして不出世の表現者へと成熟していったのか、その真の軌跡を描くと共に、町田樹が心を込めて世に送り出してきた数々の作品を、彼自身の華麗な舞姿の中に刻印することも、心から大事に制作されている。

　2018年初秋の演技を最後に、氷上の芸術家としての彼の姿はもはや無いが、この一冊が、手にとって下さる全ての方々にとって、一人のアスリートの軌跡への理解を深めると共に、かつての観戦や鑑賞の思い出と共に、永く記憶にも残る一冊となることを、祈ってやまない。

Atelier t.e.r.m

CONTENTS

はじめに　Atelier t.e.r.m ……2

PART I

競技者・表現者　町田樹の軌跡 7

競技者・町田樹の軌跡 ……9
Atelier t.e.r.m

 はじめに
 1. 競技者としての自覚
 2. 国際舞台と学校のはざまで
 3. はじめての《カサブランカ》
 4. 「プログラムは消耗品ではない」── 再びの《カサブランカ》
 5. アイスキャッスルへのスケート留学
 6. 2つの名プログラム誕生 ──《火の鳥》と《エデンの東》
 7. ソチ五輪での試練を越えて
 8. 旅立ちの決意──「研究者」と「プロスケーター」を志して

表現者・町田樹の軌跡 ……24
Atelier t.e.r.m

 1. アイスショーとの出合いと成長
 2. 振付家最初の二作品《白夜行》《Je te veux》──試練を超えて
 3. Atelier t.e.r.m 作品の開花 ──〈感興〉と〈挑戦〉
  (1) 音楽　(2) 相貌　(3) プロとしての技術　(4) 二次創作　(5) テーマと思想
 4. 振付家および演出家・町田樹という存在

PART II

プログラム・アーカイブ 33

COLUMN
フィギュアスケート写真の魅力 ……34
── 舞踊写真の新たな領域へ　Atelier t.e.r.m

跳　躍 ……41
 《黒い瞳》……42
 《アランフェス》……44
 《F.U.Y.A.》……45
 《ロシュフォールの恋人たち》……46
 《Don't Stop Me Now》……47
 《火の鳥》……48

悲　恋 ……51
 《カサブランカ》……52
 《白夜行》……56
 《ヴァイオリンと管弦楽のための幻想曲》……60
 《Je te veux》……64
 《あなたに逢いたくて〜Missing You〜》……68

バレエとフィギュアの出合う場所 ……73
 《ドン・キホーテ　ガラ2017：バジルの輝き》……74
 《白鳥の湖：ジークフリートとその運命》……82
 《ボレロ：起源と魔力》……90

そこに音楽がある限り ……97
 《アヴェ・マリア》……98
 誌上上演
 《ダブル・ビル──そこに音楽がある限り》……102

人間の条件 …… 121
　《エデンの東》…… 122
　《エデンの東 セレブレーション》…… 126
　《交響曲第九番》…… 130
　《継ぐ者》…… 134
　誌上上演
　《人間の条件──マーラー・アダージェット》…… 138

REVIEW
町田 樹《人間の条件──マーラー・アダージェット》…… 169
──ただ一度の奇蹟に賭けるということ──
Atelier t.e.r.m

COLUMN
照明の魔術 …… 172
町田 樹

COLUMN
衣裳の秘密 …… 176
Atelier t.e.r.m

PART III

舞台を支えた人々から　₈₇

今井 顕 ピアニスト …… 188
高岸直樹 元東京バレエ団プリンシパル …… 189
今村ねずみ 「THE CONVOY SHOW」主宰 …… 190
飯田廣文 元（株）プリンスホテルマーケティング部 …… 191
岩崎伸一 （株）プリンスホテルマーケティング部 …… 191
菊地広哉 IMG JAPAN代表 …… 192
菅原正治 （有）ジャパンスポーツ代表 …… 192
和田八束 （有）ジャパンスポーツ …… 193
伊場伸太郎 （有）ジャパンスポーツ …… 193
三瓶 純 テレビ東京 スポーツ局 スポーツ番組部プロデューサー …… 194
宮田 和 テレビ東京アート 照明部 …… 195
高橋邦裕 （株）東京舞台照明 …… 196
矢野桂一 音響・音楽編集 …… 197
西岡孝洋 フジテレビ アナウンサー …… 198
板垣龍佑 テレビ東京 アナウンサー …… 199
田山裕士 （株）小杉スケート …… 200
大前武人 （株）小杉スケート …… 201
前波卓也 コンディショニングトレーナー …… 202

PART IV

フィギュアスケートとアーカイブの意味　₂₀₃

フィギュア・ノーテーション …… 204
町田 樹

アーカイブが拓くフィギュアスケートの未来 …… 210
町田 樹

おもなプログラム …… 219
おもな戦歴 …… 220
おわりに　Atelier t.e.r.m …… 222

カバー写真
《人間の条件——マーラー・アダージェット》　© Japan Sports

P1写真
© Japan Sports

写真
有限会社 ジャパンスポーツ／朝日新聞社／Aflo／Atelier Robert Doisneau／Getty Images
産経新聞社／時事通信社／東京カテドラル聖マリア大聖堂・カトリック関口教会／小塚恭子（YK スタジオ）

Special Thanks
株式会社 プリンスホテル／IMG／株式会社 テレビ東京

装 幀
Atelier t.e.r.m & SDR（新書館デザイン室）

本文レイアウト
SDR（新書館デザイン室）

PART
I
競技者・表現者
町田樹の軌跡

……アダムが口を開いた。「お前はそれを信じているのかい、リー？（中略）その四人は旧約聖書を信じているのだろうか」と言った。

　「老師が信じておられるのは物語の真実性です。いずれも真実の吟味者ですから、真実の物語を聞けば、それとわかります。この16節からなる物語（創世記第4章）は、時代や文化や民族を超越した全人類の物語だ、と老師は考えておられます。（中略）この物語は……これは天上の星に手を届かせるための梯子です」リーは眼を輝かせ、「人類がこの物語を失うことはありません。この物語は弱さや臆病や怠惰を切り伏せます」と言った。（中略）「人間とは実に重要なもの──たぶん星より重要なもの──と思えます。これは神学ではありません。……人間の魂は、この宇宙の中で美しくも特異な存在です。いつも攻撃にさらされていますが、『汝能ふ』かぎり破壊されることがありません。」

〔ジョン・スタインベック著・土屋政雄訳『エデンの東』第3部 第24章−2より引用・編集〕(註1)

競技者・町田樹の軌跡

Atelier t.e.r.m

はじめに

突然だが、今ここで「あなたにとっての『青春』とは？」と質問されたとしよう。そう問われたら、おそらく多くの人は漠然と、まず自身の10代の頃を思い返すことだろう。学んだ校舎や教室、友人、先生、放課後の体育館の光景等々——誰にとってもそこには良い思い出もあれば、苦い思い出も必ずやある。しかし時間が経つことで、いつしかそうした思い出は綯交ぜとなり、記憶全体の感触がその人自身の青春像として、心に刻まれることになるだろう。だがその青春が、自らに課せられた「仕事」以外の何物でもなかったとしたら、あなたはその記憶とどのように向き合うだろうか。

間もなく30代を迎える町田樹だが、彼にも青春時代があり、それはフィギュアスケートと共に過ごした時間と、まさにイコールであった。2018年10月6日にスケーターを完全引退した町田は、今あらためて自身の「青春」についてこう振り返る。

> 「ごく幼い時から『自分は氷の上だったらどんなことでも表現できる』という思いがあり、スケートをすることに夢中になりました。でも一方で、中学生になる頃にはもうすでに、スケートをすることは『自分の仕事なんだ』と思っていました。だから、学校の授業が終わればその足ですぐにアイスリンクに行くことは、『仕事に行く』ということだったんです。放課後に同級生たちが連れ立って遊びに行く——それに付き合ったことは一度もありません。それを羨ましいとも思いませんでした。だって自分には『しなければならない仕事』があったわけでしたから。完全にそう信じていました。」(註2)

1. 競技者としての自覚

Atelier t.e.r.m（以後Atelierと略称）メンバーが直接に町田と知り合ってすぐの頃、彼との対話の中でなかなか実感できないことがあった。それは、わずか3歳の頃よりフィギュアスケートを始めた彼が、それを早い段階からいわゆる「お稽古事」とか「習い事」でやっているのではなく、「選手として競技をするため」と自覚していた、ということである。遊びたい盛りの子どもが、どうしてそこまで思い詰めることができたのか。もしかしたらそれは、多くのアスリートが同様な感覚を早くから体得するのかもしれない——が、「しなければならない仕事」という認識は、言い換えれば「逃れられない人生」とか「運命」とも聞こえる。ある意味では、子どもであれば当然「遊びたい」と思う自然な欲求を、いつの頃からか抑え込むように、自らをコントロールするように仕向けていった結果だったのではないだろうか。

単なるスポーツ実践者ではなく、「アスリート」に要求される根性や我慢、忍耐とは、実は世間が彼らに求める言説としての「超人イメージ」に過ぎないことは、もはや言うまでもない。フィギュ

アスケート選手であるという「仕事」は、町田少年にとっては、決して辞めることはできない「人生」そのものとなっていったようなのだ。それだけに「完全にそう信じていた」という町田の言葉はあらためて重く、やるせない思いに至らせるのである。

　　「ノービスクラスの頃、早生まれ（1990年3月9日生）だった僕は、身体も小さかったので、同じ
　　学年の子たちと比べてとても苦労が要りました。『どうして僕にはできないんだろう』と思うこ
　　とがしばしばだった。でも今思えば、（身体の）成長が追い付くまでは仕方なかったんですよね。
　　そのことが当時は全くわからなかった。悔しかった。自分がすごく歯痒かったですね。」（註3）

「ノービスまでの自分は、どんなに頑張っても万年4位」だったと、町田は表彰台になかなか乗ることができなかった少年時代を、懐かしくもそう苦笑して回顧する。そして、後に日本男子フィギュアの代表的選手となる同世代の小塚崇彦（1989年生）や無良崇人（1991年生）、佐々木彰生（同）、吉田行宏（同）らと幼い頃よりずっと共に試合に出ていたが、「幼少期は、彼らに1度たりとも勝つことはできなかった」と振り返り、だからこそ「いつか彼らを『負かしたい』と、それだけを考えていた」と述べる。単純にいえば「ライバル心」と言い換えることができるが、「決して辞めることのできない仕事」として選手人生を歩む人間にとっては、実は悲痛な内面の叫びであっただろう。

　だからこそ、後に町田がソチ五輪シーズン（2013-2014年）のグランプリファイナル（GPF）でのこと、ショートプログラム（SP）での失敗を建て直したフリースケーティング（FS）後のインビューで、「自分は一歩下がれば、もうそこは『死』なんだという崖を見ました。ものすごい恐怖感でした」（註4）と述べたことは、決して大袈裟な表現で人の関心を引くためでもなく、ましてや当時のマスコミが挙って連呼していた「語録」などという類のものでもなかった。究極の勝／敗の「人生」を突き詰めたアスリートの精神は、文字通り「戦地へと赴いた兵士」のそれと同一であることに、私たちは思いを致さねばならないのである。競技者町田樹の真摯すぎるほどのこうした内面は、2014年12月28日に競技引退するその日まで、微動だに揺らぐものではなかったことを、Atelierはここに先ず証言したい。

2. 国際舞台と学校のはざまで

　町田が本格的に国際舞台に立つようになったのは、2006-2007年シーズンのジュニアグランプリシリーズ（JGP）で初の表彰台に上がったリベレツ大会での2位（2006年10月）がきっかけである。その翌月、全日本ジュニア選手権大会で優勝したことで「町田樹」の名前は、フィギュアファンの間では一躍知られることとなった。このとき町田は高校2年生。少女のように細身で華奢に見える身体は、色白で鳶色の瞳と切れ長の眼という彼の面貌ともあいまって、一部ではアイドル視されることもあった。しかし評価されるべきは、そうした彼の外面性だけではなかった。当時から町田は氷上にいったん立つと、小柄さをまったく忘れさせるほどの「情熱」が身体より流れ出し、全身はより大きく見えたのである。またそうした瞬間には、不思議と生来の感受性の豊かさが内に秘められていることが垣間見え、なぜか目が離せなくなるような、そんなスケーターであった。

　だが、その後シニアクラスに上がるまでの2年間、町田は大事な全日本ジュニア選手権で2度とも思うような結果を残せず、壁にぶち当たることになる。世界ジュニア選手権大会への派遣も当然叶わなかった。そのため国際スケート連盟（ISU）公式スコアも、その後2010年2月のISU四大陸選手権で準優勝（当時の自己ベスト217.48）するまで、2007年10月JGPジョン・カリー記念杯（イギ

リス) での優勝スコア177.20のままとなる。当時すでに世界では、同世代の選手であるアメリカのスティーヴン・キャリエール (1989年生、2007年世界ジュニア優勝) やアダム・リッポン (同生、2008・2009年世界ジュニア連覇) またカナダのパトリック・チャン (1990年生、2007年世界ジュニア2位) らが次々シニアクラスでも頭角を現していく中で、国際的にはTatsuki Machidaの名前はほとんど知られる機会がなかった。

　町田はこの頃の自分について、Atelierメンバーにこう話す。

　　　「スティーヴン (・キャリエール) やアダム、それとデニス・テン (カザフスタン、1993年生) とも、B級大会をはじめ試合でよく顔を合わせていました。パトリックはその頃からバックヤードでもひとり貫禄があって、すっかり僕は彼の方が年上だと思い込んでいました。本当は学年的には一つ年下だったんですね (笑)。チェコのミハル・ブレジナ (1990年生) もそうです。彼らの勢いは本当に凄かった。追いかけましたね。(……) でもその当時、僕は自分のことが本当に嫌いでした。なかなか肯定できない自分がいたんです。」[註5]

　こうした青年の思いを、よくある「若い時の気の迷い」だと一笑することは容易い。しかし、より一歩でも前に進みたいと強く願うその気持ちと、現実にもつ自身の身体のバランスが、おそらく取れていない状態だったことが窺える。そして、それはスケート以外の点でも自覚されていたようで、「高校での勉強は、自分の将来にとって本当に必要なのだろうか？ と、当時は思っていました」と、学校で学ぶこと自体に懐疑的であったと話す。この点についてもう少し掘り下げて聞き出せば、海外試合などで授業を欠席した折には、帰国後に一人補講を受けることがたびたびあったという。そうした時、たった1、2時間の指導を受ければたちまち遅れを取り戻し、数学なども「苦もなく満点が取れた」とさらっと話す。そして「今思えば、僕は『きちんと学びたかった』のです」と語る。

　スケートを続けるために入学した岡山の高校には、毎日新幹線を使っての通学であったが、広島との往復の車中で手当たり次第にいろいろな本を読み過ごしたことは、決して誰かのアドバイスを受けてという類のものではなかった。おそらく心身がともに成長するために、無意識が求めた栄養のようなものだったのだろう。こうした学校教育と自身の内面との間にズレや違和感を覚える若者は少なくないが、町田もまたそうした葛藤を抱えたひとりだった。

　だが、悩み多かったこの時期の町田にとって、別の側面では大きく道が開かれる出来事も起こる。2007年2月、全日本ジュニア王者としてプリンスアイスワールド (PIW) などアイスショーへの出演が始まるのである。これについては後半で詳述するのでここでは割愛するが、後に大学で「スポーツマネジメント」や「身体芸術論」という学問の存在を知り、その研究を志すに至るきっかけは、実はそこに端を発するのである。

3.　はじめての《カサブランカ》

　2008年関西大学文学部へ進学したその翌年 (2009-2010) のシーズン、町田はシニアクラスで戦うようになる。2009-2010年シーズンはバンクーバー五輪への出場権を掛けた闘いとなり、最終的に男子シングルは髙橋大輔、織田信成、小塚崇彦の3人が代表権を勝ち取る結果となった。当時「3強」と呼ばれた彼らの中で、髙橋選手が日本男子シングル史上、初めてのオリンピックメダル (銅) を獲得 (2010年2月) したことは周知の通りである。

　スポーツ報道的には、この前年シーズンに右膝靭帯断裂の大怪我を負った髙橋選手が、壮絶

なリハビリを経てどのような復活劇を果たすか、ほとんどその一点に関心が集められていた。そのため他の日本男子選手の動向などは全くと言ってよいほど情報が流れない状況だった。そういった意味でも、シニアクラスに上がった直後の町田は文字通りの「ダークホース」だったと言って良い。

　そのような中、五輪代表選考会を兼ねた2009年全日本選手権で、町田はそれまでのパーソナルベストを37点以上更新するスコア215.02をマークし、総合4位と大健闘する。もちろん3位となった小塚選手のスコア（236.13）とは20点以上の差こそあった。だが当時でも、日本男子で200点を上回るスコアを出すことはそう容易ではなく、町田はこの結果をもってオリンピック派遣補欠第1位となった。

　　　「初めて本気で考えたのは、バンクーバー五輪予選の2009年全日本選手権で4位で、第1次
　　　補欠になった時です。『僕一つ上がったら五輪選手じゃん』って思って。子どもの頃からの夢
　　　みたいな気持ちではなく、（ソチ五輪に行くことを）現実的に考え始めたんです。」(註6)

　町田のこの躍進はマスコミ的には報道の埒外であったが、長年のフィギュアファンたちの間では、実は密かに驚きをもって歓迎された。そしてその翌月（2010年1月）韓国で開催されたISU四大陸選手権に、町田はシニアクラスに上がって初の国際試合として出場が叶う。しかも小泉仁コーチと共に闘ったこの時、町田はSP6位から逆転し、堂々の2位表彰台を射止めたのだった（ちなみに1位のアダム・リッポンは7位からの逆転だった）。近年スポーツアナウンサーの西岡孝洋氏（フジテレビ）はこの時のことについて、「（町田が）まだメダルを獲れる選手とは思っていなかったので驚いた」(註7)と証言しているが、おそらく業界関係者たちの中でも、町田のこの表彰台は、半ば偶然のものと捉えられるにすぎなかったのだろう。雑誌『ワールド・フィギュアスケート』43号（新書館、2010年5月、p.64）に掲載された記事ですら、この大会での町田の快挙についてはわずか100字余りにすぎなかったことを、ここに敢えて記しておこう。

　ところで、町田がシニア最初のシーズンに披露した競技会プログラムであるが、SPは《タンゴ・ジェラシー》（荻山華乃振付）、FSは《カサブランカ》（阿部奈々美振付）であった。それまでは選曲を、コーチや振付師にすべて任せてきた町田が、初めて「タンゴという曲想で踊ってみたい」と自ら提案したというSP。一方FSの阿部氏への振付依頼では、町田自身が手紙を書いて実現したという新たな試みでもあった。そして《カサブランカ》の選曲は、阿部氏が町田のために用意したものだった。そしてこの2つの新たな挑戦が、スケーターとしての町田を一回り大きくさせる原動力となった。

　このシーズンのSP・FS合わせて3本のトリプルアクセル（3A）を組み込むという難易度は、4回転トウループ（4T）をすでに習得していた町田にとっては全くの「最高難度」ではなかったが、他の技の要素も含めて国際大会で完璧なものとして披露するという目標においては、十分に高難度のものであった。

　結果的にいえば、四大陸選手権において町田樹はSP・FSともほぼノーミスでこれを披露することに成功する。特にFSの《カサブランカ》は秀逸だった。演技冒頭で繰り出されるキレのある3A-3Tのコンビネーションジャンプ、序盤で見せるJAZZYな曲想に乗ってのストレートラインステップ、中盤で演じる許されぬ恋に悩む男の悲哀、そして後半ではメインテーマの美しい曲想に乗せて3回転ジャンプを次々と繰り出し、最後のトリプルサルコウ（3S）からの3連続ジャンプを決めると、そのまま最終盤の上半身を大きく使ったダイナミックなサーキュラーステップへと雪崩れ込み、決めのラストポーズへと至る——。4分30秒のプログラム全体を5部構成とした阿部氏振付の《カサブランカ》は、映画『カサブランカ』（1942年公開）のサウンドトラックの中から、名曲

"As Time Goes By" の一部を含む形で音楽編集がなされ、短いなかにも映画のストーリーを彷彿とさせる「作品」として、いま見返しても高く評価できる。しかも身体的にはいまだ少年の面影を残していながらも、内面的には着実に成熟しつつあった「大人の男性」としての町田の姿を、このとき阿部氏がすでに見抜いていた感が、プログラムの端々には見て取れるのである。役者によく言う「嵌り役」という言葉があるが、《カサブランカ》はまさに競技者町田にとって、最初の「嵌りプロ」だったと言えるだろう。

4. 「プログラムは消耗品ではない」──再びの《カサブランカ》

　四大陸選手権での躍進で、町田のISUワールドスタンディングは一気に上がり、2010-2011年シーズンは念願のシニアGPS2戦 (中国杯、ロシア杯) の出場権を自力で得ることになる。この年のプログラムはSP《黒い瞳》(宮本賢二振付)、FS《レジェンド・オブ・フォール》(阿部奈々美振付) だった。

　とくにSPについては、町田はGPS期間前のアイスショーにおいて幾度も披露し、演技としての完成度を急速に高めていった。ゆえにこれを観たフィギュアファンたちからは、来る試合シーズンでの町田の活躍について高い期待を集めたのである (これについても後述する)。ちなみに、後に町田は2011-2012年シーズンに、ステファン・ランビエル (1985年生、2006年トリノ五輪銀メダリスト) を振付師として迎え、彼との最初の作品《ドン・キホーテ》(2011-2012年シーズンFS) を制作することになるのだが、そもランビエルが町田に振付を申し出たきっかけは、二人が共演したアイスショー「ファンタジー・オン・アイス2010」(2010年9月) で、町田が披露した《黒い瞳》の美しさにランビエルがたちまち惚れ込んだからであった。当時のインタビューでランビエルが「樹のスケーティングを見てまるで恋に落ちたような思いを味わった」と語った (註8) ことは、あまりに有名である。

　さて2010年秋、GPS開幕直前のB級大会 (2010年9月、ネーベルホルン杯) で町田は、自身初の4TをFSで成功させ、参考記録ながらトータル221.22のスコアで初優勝。そしてシニアGPS最初の試合となった中国杯 (同11月) では総合5位と健闘したものの、続くロシア杯 (同) では、SPで全てのジャンプにミスが出て最下位 (12位) と出遅れる。しかしそれでもFSで町田は逃げず4T (着氷ながら回転不足判定) を試み、続く3A-3Tのコンビネーション、2本の3ルッツジャンプ (3Lz) も着氷し、フリースケーティングは9位と建て直す (総合結果は11位)。しかしこのどん底のような結果をもって、町田は重大な決意をすることになる。翌シーズンより町田は大学を休学し、スケート留学のためアメリカに赴く (留学期間は2011〜2013年) のだが、実はその決意をこの段階で内心固めていたのだった。

　ただしその前に、思いがけない家族の入院などもあり、12月末の2010年全日本選手権を前に、まず町田は練習拠点を地元の広島に戻し、コーチも小学生時代より師事していた秦安曇氏に急遽変更する。そして臨んだ全日本選手権での最終結果は6位。全く満足ゆくものではなかった。が、第7回アジア冬季大会 (カザフスタン、2011年2月) への派遣も決まり、町田は何とか前を向く。そして年の暮れ、短期間のうちに町田は振付の荻山華乃氏と共に、彼の転機となる新しいエキシビション (EX) を完成させる。クイーンの楽曲によるあのプログラム《Don't Stop Me Now》である。2011年の正月明けに開催された団体戦形式のアイスショー「ジャパンスーパーチャレンジ2011」で初披露されたこのEXプログラムは、圧倒的な高評価を獲得した。演技後の講評で、採点者の一人であったバレエダンサー・熊川哲也氏をして「一篇のショートムービーを観るかのようだった」と唸らせた町田の表現者としての資質は、着実に成熟しつつあった。この出来事は「プロスケーター・町田樹」誕生への大きな布石となったことは間違いないのである。

しかし、《Don't Stop Me Now》の「世界初演」となった翌月のアジア冬季大会では、肝心の試合で町田は結果を出せず（SP 2位、FS 6位）総合4位に終わってしまう。日本人出場者で唯一メダルが獲れないという屈辱的な結果だったのである。試合後のEX披露が大成功だったがゆえに、却って町田はひどく落ち込み、このシーズンの最終盤を迎えねばならなかった。

Atelierメンバーが町田と初めて接触したのは実はこの頃である。町田はまだこの時期、自身が「芸術的スポーツの実践者」としてのフィギュアスケーターであるという意識を、自信と共に持ち得ない状態でいた。つまりフィギュアスケーターは競技者であるとともに、同時に「アーティスト」になり得るのだという必然性に気づいていなかったのである。Atelierはその点を町田に指摘すると共に、さらに彼に対し、彼が潜在的に有している「芸術理解の能力」にも気づくよう促した。これもまた、当時の町田にとって大きな転機となった出来事だろう。

Atelierメンバーと町田の間でその時以来交わされるようになった事柄は、非常に膨大で多岐にわたるため、ここでその全てを記すことは難しい。ただ、そのうちの幾つかだけは、後年の「表現者・町田樹」の出現を知る上で重要だと思われる。なかでも、「プログラムは消耗品ではない」とメンバーの一人が町田に伝えたことは、私たちも驚くことにこの後すぐに試合結果においても如実に表れることになる。

町田はそれまで、試合におけるSP & FSプログラムは、そのシーズンが終わってしまえば基本的に「止める」（あるいは「捨てる」）ものと思い込んでいたのである。元来フィギュアスケーターにおける「プログラム」とは、どのようなレベルのスケーターであっても「オーダーメイド」によって制作される訳で、言い換えれば、それは「唯一無二」の財産なのである。そして、フィギュアスケートを愛好するファンは、ある一人のスケーターの技術と共に、彼／彼女の身体がそのプログラムと共に醸す個性を〈相貌〉として堪能し、そして披露されるその唯一無二のプログラムを時に「何度でも」味わうことを求める。だからこそフィギュアスケートにおけるプログラムとは、「消耗品ではない」のではないか——Atelierメンバーは当時、次のように町田に問いかけた。

> 「……表現者や演じ手としてのスケーターが「納得できる」プログラムであれば、それは決して「消耗品」とはならないのではないか——スポーツとしての点数を取るための方法論ではなく、フィギュアスケートが「芸術性」を加味したスポーツであるがゆえに、ひとつの造形美としての作品世界を構築するならば、限りなくプログラムは「創り込む」ことが可能であり、その先には決して飽きられることがない「作品」の固有性を、演じるスケーターの個性と共に確立することができるのではないかと思うのです。フィギュアスケーターにおける「プログラム」とは決して消耗品ではなく、何度でも「再読する」に値する究極の作品となり得るのではないでしょうか——」(2011年春にAtelierから町田へ送付したメールより引用)

2010-2011年シーズンの最後に、町田はスロベニアで開催されたB級大会（トリグラフトロフィー、2011年4月）に出場する。そしてそこで、FSを前シーズンの《カサブランカ》に戻して披露し、非公式ながらSP、FSとも大きく自己ベストを更新するスコア（合計236.65）を叩き出し、圧勝する。勝因は、より完璧な作品として提示した、見応えのあるFS《カサブランカ》であった。失意の冬季アジア大会から、わずかひと月余りで急遽プログラムを変更した成果であったが、特にFSに関して言えば、ステップなどの要素において前年シーズンからルール変更された点などがあり、元の《カサブランカ》には修正を加えなければならなかった。そこで町田は自らその修正を考え、振付師からの許可を得て、振付の一部を改めたのだった。結果、その努力は実を結ぶ。そしてプログラム中盤の見せ場、映画の主人公「リック」のやるせない心情を描き出す場面では、阿部氏が町田の

ために手がけたこの《カサブランカ》の作品世界を、彼は完全に昇華させることにも成功したのである。それは「再読に足るプログラムは決して消耗品にはならない」という真理に、町田が初めて辿り着いた、画期を成す出来事だったのである。

5. アイスキャッスルへのスケート留学

　町田の、カリフォルニア州レイクアローヘッド、アイスキャッスル・インターナショナルトレーニングセンターへのスケート留学は、2011年夏よりおよそ2年間に及んだ。

　町田がアメリカへのスケート留学を決めたのは、単なる海外の練習環境への憧れだけでない、別の理由があったことはスケートファンなら察しがつくだろう。この問題については研究者・町田樹自身が今後、詳細な研究成果を発表することを私たちも待っているが、つまり日本のスケート場の深刻な事情が横たわっているのである。1993年に千葉県新松戸アイスアリーナでスケートを始めた町田は、その後もコーチや家族の事情で転々と拠点スケート場を変わっている。広島在住時には、広島ビックウェーブという大型スケート場を拠点としたがこれが通年型リンクではなかったため、岡山や山口、果ては福岡まで練習場を求めて毎日通う生活となった。まさに家族の献身的努力無くしては実現しない環境であったろう。彼自身はその後関西大学所属となっても、関大外のコーチに師事した関係で、関大リンクをメインとすることはできず、やはり転々とすることになった。学業の傍ら毎日数時間の練習をこなさなければならないトップアスリートにとって、これがどれほどのハンディーであったかは察するに余りある。しかも2018年10月に町田が完全引退した時点で、新松戸、川越、守口、鳥取など町田が練習場とした多くのアイスリンクがすでに閉鎖されているのである。競技者として1度きりのオリンピックに賭ける町田が、当時アメリカに最後のチャンスを求めたのは、いわば唯一の方策でもあった。

　1983年の開館以来、ミシェル・クワン（1998年長野五輪銀メダリスト）やエヴァン・ライサチェック（2006年トリノ五輪金メダリスト）など、オリンピックや世界選手権の金メダリストたちを数多く輩出してきたアイスキャッスルでの修行は幸い、技術的鍛錬という意味において町田に非常に多くの刺激を与えた。留学した当時同リンクには、ライサチェックやジェフリー・バトル（2008年世界選手権金メダリスト）などベテランスケーターの他に、アダム・リッポンやデニス・テン、また中国のエース選手であるハン・ヤン（1996年生）、さらに全米女王に輝いたアシュリー・ワグナー（1991年生、2016年世界選手権2位）や長洲未来（1993年生、2016年四大陸選手権2位）などが練習しており、町田もまたその中で日々揉まれ続けた。ちなみに2018・2019年世界選手権を連覇したネイサン・チェン選手（1999年生）は、2011年当時まだノービスクラスで、3Lzの習得に熱心だったという。幼いチェン選手もまた町田のリンクメイトの一人であった。他にもアイスキャッスルには世界中から実力ある選手たちが集まってきており、町田曰く、日々の練習は「あたかも毎回が（試合直前の）公式練習のようで、いつも特別な緊張感に満ちていた」という。

　町田がコーチとして師事したアンソニー・リュウ氏（1998年長野五輪出場、元オーストラリア代表、4回転ジャンパーとしても知られた）は、当時このアイスキャッスルの経営者でもあり、町田はビジネスマンとしてのリュウ氏の活動を間近で見聞きすることにもなる。この経験もまた後に、大学院でスポーツマネジメント研究を志すひとつのきっかけを、彼に与えることになった。

　実は町田はすでに高校在学中に、合宿で何度かこの地を訪れ、ラファエル・アルトゥニアン氏（リッポンやチェンのコーチ）など、アイスキャッスルの名コーチ陣からジャンプ指導などを受けていた。留学先をアイスキャッスルに定めたのも、その時の経験に基づくものであった。特にリュウ

コーチの指導はスパルタで、とにかくジャンプは「回りきって降りる」ことを徹底させるものだった。そんな中2011-2012年シーズン、町田はAtelierからの示唆のもと、SPをシーズン当初に予定していた新プログラムから変更し、前年のプログラムである《黒い瞳》を続行することにする。それは例の「再読に足るプログラム」としての判断からだった。あえて4回転ジャンプを組み込まずに、3Aの高い出来栄え点を狙って演技されるこの難度の高いSPを滑り続けたことにより、彼はSPにおける念願の80点台（82.37、4位）のスコアを、2012年2月の四大陸選手権（アメリカ・コロラドスプリングス）でマークすることに成功した。ただこの試合での最終結果は7位と振るわなかったが、翌シーズンに出会うことになるFS《火の鳥》を、その後2年をかけて完成させる計画を立てるには、この2度目の《黒い瞳》での成功体験なくしては有りえないものであった。

　さて、その翌2012-2013年シーズン、町田は急激に力をつけ結果も出すようになる。初戦のGPSアメリカ大会では3位の初表彰台となり、そして続く中国大会では何と髙橋大輔選手を押さえて初優勝する。こうした快挙が、アイスキャッスルでの鍛錬の成果であることは間違いなかった。

　しかしその一方で、アイスキャッスルでの練習活動は、町田に次なる壁を突きつけることになる。練習拠点をアメリカに移したことにより、GPSでの試合はもちろんのこと日本国内での地方大会も含めると、試合シーズンのおよそ半年間は、ほぼ2週間ごとに飛行機で毎回12時間以上移動することになった。そのために、知らず知らずのうちに慢性的な時差ボケが溜まり、自律神経の不調に悩まされるようになる。また試合の無いオフシーズン中でも、日本国内でのアイスショー出演のため、公演と公演の合間にはアメリカと日本を往き来することになる。それが次第に身体的に大きな負担となっていった。そしてさらにアイスキャッスルでは、思いがけない他の問題もあった。

　アイスキャッスルが所在するカリフォルニア州レイクアローヘッドは、ロサンゼルスから車で2時間ほどのところにある、いわゆる夏場のリゾート地である。季節の良い時期は大勢の観光客が訪れ賑わう反面、観光のオフシーズン（特に冬場）は極端に人が居なくなり、非常に淋しい場所となる。また、アイスキャッスルはいわゆる高地にあり、平地に比べて標高が高いこともアスリートには勘案すべき点であっただろう。練習を続けることにより、必要以上に体力が奪われていくことに、次第に町田は気づくことになる。

　ここで町田がAtelierメンバーに告白した、2つのエピソードがある。2つとも決して笑えない話である。

　──ある日彼は一人でトレーニングのためジョギングに出た。コースはアイスリンクのある山の中腹から商店のある麓までの20分ほどの距離である。コースの周囲は美しい森林であった。いつもと変わらず走っていると、突然に大きな3匹の野生のコヨーテが現われ、町田を挟み撃ちするかのように隊列し、しかも並足で彼の後を追いかけてきた。追いついてきた彼らはそのまま並走しながら、町田の足元あたりの匂いをくんくんと嗅ぎ続けている。心臓が飛び出し、声を上げそうになるのを必死に抑え、とにかく町田は平常を装って走り続けた。そしてそのままのペースで数分間を走り続けていたところ、コヨーテたちはようやく何事もなかったかのように、また森の中へと去っていったという──。

　これは、町田がアメリカ滞在中に文字通り「九死に一生を得た」という話である。

　もう一つのエピソードは、冬場のアイスキャッスルでの「孤独」というものである。2012年12月札幌での全日本選手権で、町田は総合9位の結果に終わるという大敗を喫する。このシーズン、町田はすでにGPSで初優勝をしていただけに、自身をも大きく落胆させる出来事だった。そして試合後、町田はそのまま日本に留まらず、練習のためにアイスキャッスルに戻る。すると年末年始の時期とも重なりリゾート地のアイスリンクには誰もおらず、彼は毎日たった一人で練習すること

になる。

　「……あの時は、本当に自分がヤバイ状態に追い込まれていたと思います。レイクアローヘッドの空は毎日どんよりとしていて、外は（雪で）白いだけの世界。寒くて、練習していても自分がどんどん落ち込んでゆくのが分かりました——」

　実はリンクに人影が見えなくなっていた原因は、単に「冬場」であるだけが理由ではなかった。以前からの経営難のために、少しずつアイスリンク自体が事業を縮小しつつあったことも関係していたのである。もちろん町田自身は、それを明らかな事実としてはまだ知り得ていなかった。しかしながら、練習拠点としていたアイスリンクが閉鎖される日本での状況を、幼い頃より何度も経験していた町田には、うっすらとではあるが、アイスキャッスルの未来が予感できたのである。

　2013年春先、彼は大学への復学手続きのために一時帰国し、その折に旧知の大西勝敬氏と偶然に出会い、練習拠点を大阪に移す相談をすることになる。実は大西氏は、幼少期より町田の親しいスケート仲間であった吉田行宏選手のコーチであった。そして、来る2013-2014年シーズンは、ソチ五輪への出場権を懸けた大混戦もすでに予想され、町田は20年間の選手生活の集大成としてこれに臨むことを心に決めていた。秦コーチと共に正式な打診をしたところ、大西氏は喜んで町田を受け入れることを了承する。そして同時に「大阪府立臨海スポーツセンター」（大阪高石市、通称「臨スポ」）の通年リンクが、彼の新しい練習拠点となったのである。

　その後2013年夏、町田は夏季の集中トレーニングのために、再びアイスキャッスルを訪れる——が、そこで決定的な事が生ずる。リンク経営者であるリュウ氏が、突如アイスキャッスル閉鎖の決定を関係者に告げたのである。しかしながら結局、リンクに所属する選手たちには最後まで詳しい理由は告げられることはなかった。そして町田のアメリカ留学もこうして終わった。世界中のトップスケーターを支えた名リンク「アイスキャッスル」は、いまではもう何処にも存在していない。

6. 2つの名プログラム誕生——《火の鳥》と《エデンの東》

　さて、2013-2014年ソチ五輪シーズンが、町田樹にとって大飛躍のシーズンであったことは、この本の多くの読者にとって周知のことであろう。しかし、いまこれを書いている筆者（Atelier）の目的は、未来においてこの本を手に取る読者に向けて「アスリート・町田樹の軌跡」を書き記しておくことなので、是非ともそれをご理解頂きたいと思う。

　ソチ五輪シーズンに町田の大躍進を支えたもの——それは「2つの名プログラム」を揃えたことと、「4回転の安定」であったことは間違いない。

　まず4回転（4T）の成功については、大西コーチから徹底的に指導を受けた「コンパルソリーフィギュア」の技術習得が大きかった。コンパルソリーは今では競技種目としても忘却され、その技術を伝承しているスケーターは世界でも多くいない。コンパルソリーの技術指導は、日本国内では世代的には大西氏のようなコーチからしか、今では習うことができないスケーティング技術なのである。見た目は大変に地味なのだが、想像以上に集中力が要求され、体幹を使う難しい技術だという。この指導は町田から大西氏に対しての、たっての願いで実現したことだった。町田によれば、これにより自身の身体への感覚が研ぎ澄まされ、ジャンプを踏み切るまでに行うべき「4回転を絶対に成功させるポイント」を文字通り体得することができたという。これは非常に大きな武

器となった。また同時に、想像以上にスケーティング技術にも磨きがかかり、滑りは以前より非常に滑らかになった。「臨スポ」では毎日早朝からこのコンパルソリーの練習を、みっちりと1時間以上かけて行ったという。

　一方プログラム制作に関しても、町田はかねてからの構想を次々と具現化していった。FS《火の鳥》で2本の4Tを組み込むことを、町田は早くから計画しその準備を進めたという。FS《火の鳥》は前年シーズンから持ち越す形と見えたが、実はそれも元からの計画通りに実行された作戦であった。

　ところでAtelierと町田の間では、オリンピックシーズンまでを見越し、2011年段階ですでに選曲について多くの議論がなされ、候補曲があがっていた。そしてAtelierの示唆のもと町田自身が膨大な音源を聞き、その中から大事なシーズンに向かってどのような選択を行うかを、時間をかけ精錬させたのである。観客へのインパクトは当然のこと、パフォーマー自身にとっても「再読に堪え得るプログラム」となる音源は、どのようなものか――。SP《エデンの東》、FS《火の鳥》は、そのような熟考の中で、町田自らが決定したものだった。特に《エデンの東》については、実はAtelierメンバーの中からは当初2012-2013年シーズンのSPプログラムに充てる案も出た。しかし町田は直感的に、「これは僕がオリンピックシーズンに掛けるべきSPになります」と断言したのだった。そして、そのために町田は、ジョン・スタインベックの原作小説『エデンの東』を精読するという下準備に、何と1年間をかけたのである。彼は日本語の翻訳版だけでなく、英語版の原書についても読む努力を怠らなかった。そして、町田樹を語るときに外すことのできないあの言葉「Timshel」（ティムシェル＝汝、治むることを能う）に往き着く。この言葉は非常に難解だった。長い熟考の末彼はこれを独自に「自分の運命は自分で切り拓く」と解釈する。それは単にアスリートとしてではなく、一人の人間としてこの言葉に「人生の啓示」を受けた表れだったのである。

　SP《エデンの東》の振付は、アメリカン・バレエ・シアター（ABT）の元ダンサーで振付師のフィリップ・ミルズ氏に託されることになる。ミルズ氏への振付依頼は、2012-2013年シーズンにFS《火の鳥》が最初であるが、実はこの最初の振付依頼の経緯は、まるで運命のような出来事であった。

　前述したように、町田は2011-2012年シーズンの終わりに2度目の四大陸選手権に出場するが、最終結果は7位と振るわずに終わる。しかしこの大会期間中に、町田に一つのチャンスが訪れる。偶然に観戦できた女子シングルFSの試合で、アシュリー・ワグナー選手が演じた《ブラックスワン》の精緻な完成度の高さと美しさに、町田は心を奪われるのである。彼はその時点では、そのプログラムの振付が誰によるものか全く知らなかった。そしてひょんなことからその振付をしたのが、偶然にもアイスキャッスルに所属する振付師フィリップ・ミルズ氏であることを知ったのである。それまでにもミルズ氏とは、アイスキャッスルですれ違う折に、軽く挨拶することはあった。が、まさか協働して作品創りを行うことになろうとは、本当に運命としか言いようがなかった。町田はリュウコーチの口添えを得て、正式に《火の鳥》制作の依頼をミルズ氏にしたのだった。

　ところで、それまでにもフィギュアプログラムとして、《火の鳥》が演じられることは数多くあった。が、その多くは女性スケーターのためのプログラムである。おそらくそれは、元の古典バレエ作品《火の鳥》で主役の火の鳥が女性によって踊られることに起因するのであろう。町田がミルズ氏に依頼した際にも、男性である町田が火の鳥を演じるという構想に、最初ミルズ氏は「とても驚いていた」と町田は回想する。が、すぐにも町田の「企み」を理解したミルズ氏は、町田の意図を汲みながら、精力的に《火の鳥》の制作に取り掛かってくれたのである。

　いま町田の手元には、ミルズ氏振付の《火の鳥》を、初めて町田が「通し練習」で演技してみせた、アイスキャッスルでの貴重な練習映像が残っている。2012年夏頃のものだ。最大限のエネルギーを使って演技する町田へ、リンクサイドからミルズ氏が演技指導の声掛けをし続けているのだが、

「名プログラム」となる萌芽がすでにそこにはありありと見えている。細身で鍛え抜かれた町田の美しい身体は、魔力を秘めたストラヴィンスキーの音楽に乗って俊敏に躍動する。それは小鳥のように軽やかでありながら、秘めたエネルギーが外へと爆発する、その手前の瞬間にも見えるのである。ジュニアクラス時代にすでに見受けられていた町田の「情熱」や「芸術理解の能力」の在り処は、ミルズ氏の《火の鳥》で真正のものとなり、踊る彼の身体の中からついに表へと引き出され始めたのだった。

　そして、その次に二人の共作となったのが、あの《エデンの東》である。ミルズ氏もまた町田と同様に、スタインベックの原作小説を読破した。そして町田が自身の五輪シーズンのテーマとした「Timshel」という言葉の解釈について、ミルズ氏もまた思考をめぐらし振付を行ったのだった。

　　　「一緒にプログラムを作る前に私（＝ミルズ）はカリフォルニアで『エデンの東』を読み、樹は
　　　日本で『エデンの東』を読んだ。小説に登場することば「ティムシェル」は『エデンの東』の
　　　重要な軸です。自分が進みたい場所につながってゆく、窓のような存在なのです。」(註9)

　町田にとって《エデンの東》は、大切なソチ五輪シーズンのために「取って置いた」特別なものであったが、制作を進める中で当初の直感は次第に「確信」へと変わり、そして紛うことのない運命的な作品であることを、決して隠すことなく公にも語ったのである——「町田樹史上、最高傑作が出来た」と。

　　　「（プログラム作りは）本当に細かく進めていきます。《エデンの東》に関しては、最初のポーズを
　　　作った瞬間に、この作品は間違いなくすごいものになるという直感があった。鳥肌がたちまし
　　　た。」(註10)

　Atelierメンバーも過去に何度も驚かされてきたことなのだが、町田は、自身が心底確信した事柄に関しては、その未来について、時に予言的な言葉を口にする。例えば「オリンピックに行くのは「僕だ」と信じている」という発言である。当時マスコミに対して公言していたこの言葉の奥底には、日本国内の男子選手としては「6番目の男」などと揶揄されていたことを、意思をもって跳ね返そうとするアスリートとしての意地もあった——が、それ以上に町田の中で静かに炎をたぎらせたのは、フィギュアプログラムとしての《エデンの東》と《火の鳥》が「再読に堪え得るプログラム」となったことを、100パーセント信じられたからであった。自分が力の限りを尽くした2つのプログラムを、世界中の人々に届けたい——町田にとってのソチ五輪は、そのための場所であった。

　さて、日本男子フィギュア史上、最も過酷な闘いとなった2013年のクリスマス。町田はその時点までのシーズンで国内外6つもの試合を闘い抜き、疲労困憊の中で2013年全日本選手権を迎える。前年に全日本9位と大敗したツケで、国内予選も全て闘うはめになり仕方なかったとはいえ、あとから大西コーチをして「競走馬であったら死んでいた」と言わしめるほどの疲労状態だった。そして極限のコンディションのなかで、町田はSP＆FSの2つのプログラムを、文字通り誠心誠意に観客に届けることだけを心に誓い、会場となった「さいたまスーパーアリーナ」の氷上に立つ。この時、悟りの境地に入ってしまったかのように、町田の精神は明鏡止水であった。そしてこの折の映像は、今も多くの人々の記憶に強く残っていることだろう。町田は神がかったかのような完璧なSP《エデンの東》を披露し、「3強」を押さえて2位に着ける。この時のフジテレビ実況で、担当していた本田武史・荒川静香の両氏が、率直な感動と興奮で声を震わせていたことを、記憶

している読者もいることだろう。そして翌日、町田はFSでも《火の鳥》を力強く演じ切り、1万8千人の観衆がオールスタンディングオベーションで彼を讃えた。そして見事に、オリンピックスポットの一枠をその手に納めたのだった。これは、町田樹というスケーターの名が、彼の「2つの名プログラム」と共に日本フィギュア史上に刻まれた、歴史的瞬間でもあったと言えるだろう。

7. ソチ五輪での試練を超えて

　さて、国内での死闘を経て出場したソチオリンピック（2014年2月）で、町田は、団体戦・個人戦とも総合5位入賞という好結果を得る。だがその晴れがましい結果の裏で、実情はきわめて緊迫したものであった。町田は現役中ただ1回のオリンピック経験を、文字通り苦しい状況の中で「言葉の力」こそを信じ、乗り越えることになる。

　ソチへ現地入りした3日目のこと、町田は試合前の公式練習中に、不運にもリンクサイドの内側に設置されていた壁面防護のカバーの裾に、スケート靴のブレードが引っ掛かり、転倒して両膝を氷に強打するというアクシデントに見舞われた。日本にいてネット情報でその第一報を知ったAtelierメンバー全員が、当初このニュースに凍りつき、蒼白となった。しかも、実は町田は普段から打撲を負っても、それが内出血として皮膚の表面にはほとんど表れない特異体質のため、周囲の人間の眼には怪我を負ったとはほとんど見えないのである。そのことも、Atelier一同の心配を増幅させたのだった。

　実際この時の状況は、打ちどころが悪ければ、膝関節を損傷する大怪我にも繋がる事故だったのである。私たちはひたすら町田からのメールの返信を待った。そして一報を得てから半日後、「幸いにして打撲の痛みは鎮痛薬で凌ぐことができそうです」という本人からの国際電話で、私たちは心底胸を撫で下ろしたのであった。しかも彼はこの時、「自分の中で何か浮き足立っていた感覚が（アクシデントのおかげで）静まった感じがします」と話し、普段の冷静さを取り戻した胸のうちを打ち明けた。——こうした状況の中で町田は、あのソチ団体戦でのいきなりのFS演技へと、立ち向かっていったのである。

　ところで、このソチ五輪においてフィギュアスケートでは初めて、「団体戦」が導入されたことは、多くの人の記憶にまだ新しいだろう。しかも団体戦に出るのは、ごく限られた国籍とメンバーに限られる競技規則となっている。改めてこのときの試合スケジュールを時系列に整理するが、町田はソチ五輪において、「団体戦FS→個人戦SP→個人戦FS」という順番で試合をこなした。普通ならフィギュアスケート選手は、一試合でSPとFSを2~3日の日程でこなした後、体力と間隔を取り戻すために、次の試合までに最低2週間を空けるのが常識である。つまりオリンピックという特別な舞台であった上に、通常ではありえないような試合運びとなったのである。体力を保持することはもちろん重要であるが、それ以上にロングプログラムの《火の鳥》を、短期間に2度も演技するため、何よりも「モチベーション」をいかに保持し、コントロールするかが問題であった。しかも通常の試合でもFSは、体力・気力ともに一般人の想像を遥かに超える負荷を選手に強いるものである。それを短期間に2回もこなさなければならないのである。ソチへと出発する前、町田はその点についての不安をAtelierメンバーに吐露していた。

　そこで国内に残った私たちは、町田の団体戦FS出場決定の報を受け、大西コーチによる万全なサポートとは別に、緊急討議の末、芸術面での一計を案じた——それが《火の鳥・再臨編》と《火の鳥・大飛翔編》という計画である。「火の鳥」の作曲者ストラヴィンスキーはアメリカへの亡命者として、生涯祖国に帰ることはなかった。その魂をソチの地に連れ帰り、そして再び火の鳥として

飛翔させるという物語を、仮構したのである。「飛翔」を「大飛翔」と敢えて称したのは、手塚治虫作品への秘かな仮託でもある。舞台イメージを別々のテーマに設定することで、一種のマインド・コントロールを試みる方策だったのである。

記者会見で町田が自らこれを言葉にした際、案の定メディア各社は「語録」などと、面白可笑しく取り上げた。だが彼らは、ごく少数の選手のみが2度のFSを短期間に滑ることの苛酷さを「事実」として受け止めていただろうか。実際、「帝王」と呼ばれたエフゲニー・プルシェンコが団体戦（SP/FS）の直後、個人戦をあえなく棄権したのをはじめ、団体戦FS滑走者の男子選手たちが、ことごとく個人戦で失速したことは数字が物語っている。町田は、ソチ五輪開会式でまさしく「火の鳥」が演奏されたその中継を、選手村のテレビで見た直後、私たちに次のようなメールを送ってきた。

> 「Atelierが僕に託してくれた「火の鳥・再臨編」と「火の鳥・大飛翔編」の二つのコンセプトを昇華させてみせます。きっと僕はできます。［……］
>
> 昨日、澄んだ夜空に煌めく無数の星々の下、ストラヴィンスキーの崇高な「火の鳥」とともに聖なる炎が聖火台に灯りました。映像でしか見れませんでしたが鳥肌が立ち感動的な光景でした。あの一場面は僕の中の最後のリミッターを外し、潜在的な力を覚醒させてくれたように思います。あの煌煌と力強く揺らめく炎はオリンピック期間中、僕の一つの大きな指針になるでしょう。
>
> 冬の大三角を構成する星のひとつ「シリウス」。このシリウスという名は「灼き焦がす者」を意味するそうです。明日はシリウスのように蒼穹の空間を神々しい炎で満たします。一人でも多く世界中の人々の心に暖かい火が灯りますように」

《火の鳥・再臨編》と《火の鳥・大飛翔編》はすでにこのように町田自身の言葉として、戦場で闘い抜くための真摯な想いが、凝縮していたのである。そしてこの結果、この事前の策は初の大舞台での緊張を、大いにコントロールすることに成功した。2回のFSはノーミスで終えることこそ出来なかったが、あれだけの過酷な状況下で2回のFSを滑り切ったことは、本人にとっても揺るぎない自信となったことは疑いない。

ソチ五輪の翌月（2014年3月24日〜30日）、数年ぶりに日本で開催されたISU世界選手権で、町田はいわゆる「ゾーンに入った状態」となった。

彼は全日本選手権以上に完璧な《エデンの東》を再び披露し、SPを終え1位（スコア98.21）。スモールながら美しい金メダルを獲得する。そして中一日をおいたFS《火の鳥》でも、ついにほぼミスなく演じることに成功する（スコア184.05）。結果、町田は世界選手権初出場にして、見事に銀メダルを獲得したのだった。ちなみにこの時の総合スコア282.26は、2018年にルール改定される以前の世界歴代8位のスコアとして今も公式に残る。この時の会場であった「さいたまスーパーアリーナ」は、町田にとって自身のスケート人生を2度にわたり光輝かせた、思い出深い特別な場所となったのである。

8. 旅立ちの決意──「研究者」と「プロスケーター」を志して

世界選手権でメダルを獲得したことにより、競技者としての「町田樹」のブランドは確立された感があった。しかし彼は、すでに次のステージに歩み出すべく地道な努力を、氷の上以外でも続けていた。

町田はスケート留学のために、大学では実質3年の留年をしたことになる。その間に、大学では同学年のクラスメートたちは卒業・就職し、また吉田行宏選手をはじめとした幼い頃よりの仲間たちも2012年シーズンの終わりには次々と引退し、アイスリンクを去っていった。町田はその状況を少し淋しく思いつつ、同時に自身の「第2の人生」について問われていると感じるようになる。そうした中、かねてより大学の講義で知り得ていた「スポーツマネジメント」という学問領域に、真剣に進みたいと考えるようになる。それは同時に大学院進学ということも意味していた。

　所属する関西大学にはその当時、スポーツマネジメント専攻の大学院がなかったため、町田は他の大学院を受験しなければならなかった。そして最終的にスポーツマネジメントとともに、フィギュアスケートにとって重要な「舞台芸術」も学ぶことが可能な、早稲田大学大学院を志望するに至る。しかし、関西大学では文学部に所属する町田にとって、「マネジメント」領域の学問は全くの未知のものであった。そのため、彼は大学院受験に必要な専門知識を一から猛勉強した。また受験には英語力も必要であったため、その勉強にも時間が割かれた。町田は卒業論文の執筆も抱えつつ、文字通り全力投球で受験に備えたのである。

　このシーズン、スケーターとしての人気が急上昇した町田のもとには、アイスショー出演はもちろんこと、テレビ番組への出演依頼なども殺到していた。しかし、町田はすでに自分が歩むべき次なるステージを見越し、自分の本分としてするべきことだけを考えて歩んでいるようだった。長期にわたるであろう大学院での勉強に備えて、その学費の一部を用意するためアイスショーの出演だけはこなしたが、それ以上の仕事は一切断り続けた。Atelierメンバーにも具体的なタイミングはまだ見えていなかったが、「競技者」としてのスケーター引退を、町田が考え始めていることは明らかだった。

　2014-2015年シーズンのプログラムは、2014年3月の世界選手権を終える頃にはすでに確定していた。SP《ヴァイオリンと管弦楽のための幻想曲》とFS《ベートーヴェン 交響曲第九番》である。この2つの楽曲を選択することについて、町田には迷いは全くなかった。とくにFSの《第九》だが、町田が留学先のアメリカへ持参していたDVDの中に熊川哲也氏振付のバレエ作品『ベートーヴェン 第九』(K-BALLET COMPANY)があり、彼は繰り返しそれを観ていた。また2013年全日本選手権のFSの当日、演技前に待機していたホテルの部屋で町田は、東日本大震災で被災した宮城県釜石市の市民による「第九」の演奏会を取材したテレビ番組を偶然に視聴し、「心の底からの涙が出て、最後の力になった」と、後日Atelierメンバーにも語っていた。したがって選手生活のラストシーズンに、町田が《第九》を選択したことは、必然の成り行きだったと言えるのである。

　音源として選択したレナード・バーンスタイン指揮のCDはAtelierが彼に勧めたものであったが、実は同じCDを町田がすでに持っていて、海外試合に向かう旅の途次で繰り返し聴いていた音源であったことも、私たち制作陣には嬉しい偶然であった。なお後述するが、町田のプログラム全体を、私たちAtelierが全面的に芸術監修するようになったのはこの頃からである。そして町田自身もこの頃から、アスリートとしての自分の変化に自ら気付くようになった。

　　「研究者というセカンドキャリアを見据えたことで、僕は初めて試合に恐怖を感じなくなりました。試合に負けたら人生がどうなるのだろうという不安や恐怖から初めて解き放たれたんです。しかもこれらの「作品」を届けたいという使命感で闘うこともできます」(註11)
　　「臨スポの夜明けのリンクで、第九をかけながら通し練習をすることは、苦しいと同時に、いつも歓びであふれているんです」

と彼が当時、私たちにメールで書き送ってきたことが昨日のことのように思い出される。

　さて、満を持してSP《ヴァイオリンと管弦楽のための幻想曲》とFS《交響曲第九番》が公開されたのは、GPSの初戦アメリカ大会（シカゴ）であった（2014年10月24日〜26日）。シーズンインの直前まで、使用楽曲等に関する情報発信をあえて控えていたため、マスコミも含め、ファンの期待が非常に大きくなっていることは承知していた。結果は、SP 93.39、FS 175.70、総合269.09というスコアにより、町田はスケートアメリカ2連覇を果たす。そして新しいプログラムのお披露目となったこの大会での演技が、2つのプログラム共に「完成形」を観客に届けることとなった。

　実はスケートアメリカへと旅立つ1週間前（10月半ば）、町田は予定通りに早稲田大学大学院スポーツ科学研究科の一般入試を受けていた。そしてSPプログラムが行われるその日の朝、念願の合格通知が彼の元に届く。そのとき国際電話で届いた晴れやかな声を、Atelierメンバーは今でも感慨深く思い出す。長く「きちんと勉強したい」と願い続けてきた町田にとって、真にターニングポイントとなった瞬間であった。そして、スケートアメリカで披露された2つの新プログラムがすでに「試合」のそれではなく、それぞれが完成された小説や舞台芸術を鑑賞するように、鮮烈に人々の心に響いたこと——それは町田樹がもはや「競技者」であることを超えて、表現者・アーティストへと変貌を遂げたことを意味していたのである。町田自身の中でもおそらくそのことは、明瞭に気づかれていたはずである。プロスケーターへ転向する時期は、ただ時間の問題であった。

　2014年全日本選手権FSの翌日、12月28日夜、世界選手権派遣の代表発表の氷上で、町田樹は競技者引退を正式に発表した。あまりに突然の引退発表であったため、いろいろな憶測がマスコミや新聞紙上でも流れたが、町田がその日をもって競技引退を決意したのは、観衆の待つリンクへと上がる、本当にその寸前のことだったのである。競技者としての自分を、ここまで応援してくれた全ての人たちに感謝を込めて「同時に伝えること」が、彼には一番大事だったのである。

　深夜にホテルに戻った町田の顔は、思えばオリンピック以来連闘し続けた疲労でやつれてはいたものの、これまでに見たことがないほどに晴れやかで、穏やかだった。そして、Atelierメンバーが用意した少し遅いクリスマスケーキを美味しそうに食べながら、ゆっくりと、こう話したのである。

　　「——試合に思いを残すことは、もう何もありません。……スケートは僕を傷つけることもありました——でも僕は、ここまでスケートをやってきて、本当によかったです」

表現者・町田樹の軌跡

Atelier t.e.r.m

1. アイスショーとの出合いと成長

　町田樹は、2007年2月に生まれて初めて出演した本格的アイスショー「プリンスアイスワールド」（以下、PIWと略）での思い出を、印象深い言葉で記している。

> 「リンクに入って驚いた。毎日漠然と見なれてきた練習場の、いつものただ白い氷と、周囲の殺風景な観客席が、一夜にして「劇場」へと変貌を遂げていた。いかなる場所をも非日常の空間に変えてしまう舞台照明の光を初めて浴びた時には、全身に鳥肌が立ち、アドレナリンがほとばしった。」(註12)

　17歳の青年が受け取った新鮮な驚異の感覚を読むとき、単なる「アイスショー好き」とは違う、もっと運命的な出合いを私たちも感じずにはいられない。しかし元来、日本のフィギュアスケート界ではとりわけ、競技成績によって出演が決まる「エキシビション」形式が多く、町田のようになかなかトップ成績に留まれなかった選手がショーに出演する機会は少なかった。
　彼がショーマンとしての断トツの才能をおそらく初めて観客に印象づけたのは、2010年6月の「ドリームズ・オン・アイス」（DOI）ではなかっただろうか。宮本賢二氏振付の《黒い瞳》――民族舞踊ならではの洒落た振付をこなしながら、シャープなジャンプを次々と決め、何よりも紛うことないラストポーズに観客がどっと沸く。新しいシーズンのSPの披露に、「今年の町田は来る！」とフィギュアファンの誰もが思った瞬間だった。しかし後年本人は、DOIが前年末の全日本の結果で出演できるものであっただけに、とりわけ（他の出演者と違って）「自分一人が競技会に出ているかのようだった」と苦笑して語っている。けれどもその緊張感は同時に、かつてPIWですでに感得した「プロの真剣勝負の場」という責任感ゆえのものでもあっただろう。だからこそアイスショーでの町田の演技は、すでに選手時代にしばしば「今日のMVP」と賞されるような評価を得てきたのである。
　2010-2011年シーズンの《Don't Stop Me Now》、2011-2012年の《アランフェス協奏曲》（共に荻山華乃振付）、2012-2013年の《ロシュフォールの恋人たち》（宮本賢二振付）と、振り返ってみれば「名作揃い」のエキシビションナンバーである。日本刀を用いた殺陣の振りも、エアギターのあの忘れ難い名場面も、実演家・町田樹の才能をすでに十二分に示すものだった。しかも《ドンスト》と《アランフェス》（ファンによる愛称）が、全日本での毎年の「失速」の直後に初披露され、しかも見違えるほど活き活きしたものであったことを、少し切なく思い出すファンもいることだろう。ショープログラムに誰よりも最も勇気づけられたのは、おそらく町田本人だったのである。そしてついに2014年2月、ソチオリンピックで個人戦5位入賞、エキシビションで《Don't Stop Me Now》を披露し、まさに瞬時に世界中で新たなファンを獲得したことは、「プロスケーター・町田樹」の登場を予感させるものであった。
「プログラムは消耗品ではない」――その言葉は、こうして競技者・町田樹の認識を変えて技術

の向上と確実性を生み、そして「作品」を愛する心を熟成させていった。ただし2014-2015年シーズンという現役最後の1年、町田は現役故の葛藤もまた、抱えていた。元来競技と学業（大学院入試と卒論）の双方をこなさねばならない上に、オリンピック直後から夏にかけてのアイスショー出演が数十回に及んだのである。出演回数の多さに体力が付いていかず、高熱を押しての出演もあれば、演技中のミスが続いたり、怪我一歩手前の事態を招くこともあった。SNS上でファンたちが「幕張事変」（2014年6月、「ファンタジー・オン・アイス幕張」公演での演技の件）と称した「妖艶な演技」も、実は極度の疲弊で朦朧とした状態が、そのような美しき誤解を生んだ結果だったのである。ショー出演の回数をいかに調整しつつプログラムの質を高めるか、そして実演家としての責任をいかに全うするか——この頃、Atelierのメンバーと町田の間ではしばしば議論されたのはその点であった。そして町田もその中で、ショーマンとしての自覚を、より高めていったのである。

2. 振付家最初の2作品《白夜行》《Je te veux》── 試練を超えて

　町田が私たちに「自作振付をする」という構想自体を最初に語ったのは、2012年夏のことである。よほど深い思いがあり、そして謙虚さから来るためらいもあったのか、その曲のタイトルも詳細も、長く明かされることはなかった。ただ、前述したように《カサブランカ》のちょっとした手直しに、振付の才能の萌芽を直感した私たちは、ともかくその思いが自然に結実する日を、静かに待っていた。

　2013-2014年シーズンに日の目を見た《白夜行》については、本人がセルフライナーノーツ（本書p.52）で語るとおりであるが、多くの観客がそこに振付家・町田の本気を見たであろう。Atelierメンバーも、それが上演されて初めて全貌を知ったのである。時に上半身の振付に若干の堅さが見られるものの、この作品にはそうした振付云々以前の、登場人物（桐原亮司）に憑依する演技者としての凄みが際立っていた。長編小説およびドラマの複雑な筋立てから、「邪悪なれど純粋無垢な自己犠牲」という独自のテーマを導き出し、わずか4分余りのフィギュアの時間へと落とし込んでいる。一方でオリンピックシーズンの激闘で疲労困憊している姿が今でも二重写しに思い出される。2013年12月全日本選手権エキシビションでの「放送収録事故」によって、最終演技の最終部分の映像は永遠に失われたが、逆にはその御蔭で、憑依する身体を向こう側の世界に奪われないですんだかのような安堵感を、Atelierメンバーが抱いたのもまた真実であった。

　そして振付家・町田樹はその同じシーズンに、早くも自作振付第2作に取りかかった。興に乗り、オリンピック直後までには作り上げてしまったという。2014年5月、PIW横浜公演で初披露された《Je te veux》──選曲の示唆はAtelierから得たものの、音源選択から振付、衣裳、照明案に至るまで町田が独自に造り上げた。学問の世界ではしばしば「2作目の試練」という言葉が使われ、著作第2作目の評価でその後が決まると言われるが、まさしく町田はこの試練を実に軽々と乗りこえた。

　誰もが驚いたのは、第1作の重厚で悲壮な世界とは対極的な、曲調と振付の軽やかさであろう。エリック・サティが、アンリ・パコリによる少々エロティックな歌詞に、センティメンタルなワルツで作曲した作品。羽田健太郎氏のピアノ演奏は端正で、それが町田樹のどちらかといえばロマンティックで若々しい振付を引き出している。本人曰く、写真家ロベール・ドアノー《市庁舎前のキス》からインスピレーションを得たというのも愉しい。実はPIW独特の「幕」を使った演出はすでにこの時に始まっている。ストレートラインステップを彩る晩秋の色合いの深い照明も、町田の創案だった。若い創り手に共鳴し、協力して下さる現場スタッフに早くから恵まれたことは何より

の幸いだろう。一方、もはや振付の一部に完全に溶け込んだ3Lz（トリプルルッツ）や3F（トリプルフリップ）ジャンプの恐るべき精度の高さには、現役選手ならではの技術が投入されている。逆には試合では見たこともない、花が開いたかのようなレイバックスピンの美しさも忘れ難い。そして何よりもワルツという形式にふさわしいステップの数々を生み出した振付家としての手腕に、Atelierメンバーは舌を巻いた。その作風の振り幅の大きさと、それを巧みに演技する実演家としての底知れない才能を再確認する中で、私たちAtelierメンバー全員が、町田の新しい創作世界での協働に、ますます意欲を高めていったのである。

3. Atelier t.e.r.m 作品の開花 ──〈感興〉と〈挑戦〉

フィギュアスケートというアーティスティック・スポーツにおいて、プログラムの存在は独特な意味をもつ。競技会でありながら、例えばバレエのコンペティションのように競技者が「数種類の同じ」ヴァリエーションから選んで踊り、技術と表現の良し悪しを競うのではない。一人一人がオーダーメイドしたプログラムは、まったく違った曲と振付から構成されている。しかも2シーズンをさらに超えて同じプログラムが演技されることは滅多に無く、そのプログラムが他者に継承されることもない。だからこそフィギュアスケートのプログラムは、例えばトーヴィル＆ディーン組の《ボレロ》や、エフゲニー・プルシェンコの《ニジンスキーに捧ぐ》、荒川静香の《トゥーランドット》のように、演技した選手たちの忘れ難い姿と共に、文字通り「唯一無二」のものとして記憶されていくこととなる。プログラム名が、多くの場合振付家ではなく、選手の名と共に記憶されるのも独特であろう。それほど、演技者の驚異的な身体能力や身体の表情に支配されているのもまた、フィギュアスケートのプログラムなのである。

Atelierメンバーは、多くのフィギュアスケートファンと同様このスポーツの長年の観戦者、鑑賞者であると共に、他のあらゆる芸術の修業や研究などに努めてきた経験をもつ。他の芸術ジャンルから逆照射するからこそ、「プログラムは消耗品ではない」という真実を当然のこととして、町田に伝えることができた。スポーツとしての偶然性を担保しながらも、舞踊作品としての永続性を合わせ持つことができれば、フィギュアスケートのプログラムはもっと魅力的な光を放つことができるのではないか。そもそも上記のような歴史上の傑作プログラムは、その条件を十分以上に満たしているのである。

Atelierの活動は、そもそも競技者・町田樹のモラルサポートとして始動した。もとより競技活動や技術的向上、試合戦略などは私たちの領分ではない。歴代の優れたコーチの指導のもとに、町田が（波はあっても）確実に競技実績を向上させていったことはよく知られるとおりである。私たちが先ず注目したのは、町田樹の内部に眠っていた演技者としてのさらなる可能性であり、それを最大限引き出すはずの「プログラムの力」であった。忘れもしない2011年2月のカザフスタンでのアジア大会、フリープログラムで失速し、出場した日本人選手で唯一メダルを逃してどん底にあった彼を、私たちは励まし続けた。すでに書いたように、現役時代においては、2012年シーズンに《黒い瞳》の続行を示唆したことは、私たちのモラルサポートの何よりの事例だろう。「消耗品」でないからこそ、町田が宮本氏の振付の妙味を理解し、最大限にまで高めることによって、試合全体のジャンプの成功率も上がれば、競技成績も付いてくるのではないかと考えたのである。

そして次に、《火の鳥》、《エデンの東》、《ヴァイオリンと管弦楽のための幻想曲》、《交響曲第九番》の選曲は、Atelierが町田に提案したものである。提案した多くの曲の中から、彼の琴線に触れたこれらの音楽が、競技者最後の2年間、文字通り町田樹を支えていった。そのお互いの経験が、

プロスケーター時代のAtelir t.e.r.m 10作品の基盤となっていったのである。

　町田を含むAtelierメンバーがプログラムを制作するときに大事にしているのは、〈感興〉と〈挑戦〉という二つの精神である。誰よりも自分たちが興に乗ること、そして新しい何かに向かうわくわく感を忘れないこと――有り難いことに観客の方々が、そうして生まれてきた作品を愛し、町田の演技を応援し続けてくれたことが、どれほど次への原動力となってきたことだろうか。

　今、ここまでの制作を改めて振り返ってみれば、私たちがとりわけ細心の注意を払ったのは、（1）音楽　（2）相貌　（3）プロとしての技術　（4）二次創作　（5）テーマと思想　という5つの側面に集約できることが分かってくる。

⑴ 音楽

　町田樹自身がすでに語っているように、Atelierの作品は、前衛的な舞踊作品ではなく、アートとエンターテインメントの狭間に位置できるようなものを常に目指している(註13)。現代のダンス界では、ミニマルミュージックや編集音声、無音の舞台などあらゆる可能性がすでに試されているが、私たちの場合は常に「素晴らしい音楽」に触発されて制作が始まる。要はそれが「愉しいから」なのであるが、プロフェッショナルなアイスショーの場で披露するプログラムであればなおさら、前衛的な試みは不要であろう。むしろ既存の音楽が、あたかも舞踊のために待っていたかような感覚を、私たちは何度も味わってきた。こんな素敵な音楽に、なぜまだ舞踊が応えていないのだろうか！――という思いである。

　曲案が先にあって演奏家を探し求めるもの、演奏家の技量に惚れ込んで始まるもの、それは様々である。前者はシューベルトの《即興曲》(Impromptu in G Flat, Op.90/3, D899/3) の場合――町田自身が今井顕氏の演奏を「発見」したことは、一つの深い「縁」としか言いようがない。後者はクリス・ボッティによるトランペットの《アヴェ・マリア》が、最たる例である。メンバーが長く聴き込んできた曲が、ある日ふと、フィギュアスケートになるかもしれないというきっかけをつかむ。町田が早速、振付の可能性や新しい試みが盛り込めるかどうか考える。トランペットのロングトーンが、スケートのアラベスクでいける、と思いついたときの高揚感は、今でもメンバーの語り草となっている。

　バレエ作品《白鳥の湖》はとりわけ、膨大なCDを皆で聴き、その中からゲルギエフ指揮の演奏に行き着いて初めて実現したものである。舞踊のためにはあまり抑揚が付きすぎた演奏は向かず、また3部構成とするためのさらなる曲の選択が必要である。加えて3部をつなぐための（音楽編集の）矢野桂一氏の絶妙な技があって初めて、フィギュア作品にふさわしいものとなった。さらにはアイスリンクという特殊な環境に適した音響を計算する矢野氏の力によって、振付のための音源がようやく確定する。まだ振付も無いその時点から、音源を聴けばその瞬間、町田樹が舞う姿が立ち現れるような気持ちになる。実に音楽はすべての始まりなのである。

　町田が誰よりもこだわった音楽の要件は、原曲をそのまま使う、という原則であった。プロ第1作の《継ぐ者》は、音源を切らずに約6分。初公開されたときにはマスコミ各社に何よりその演技時間の「長さ」が、驚きをもって迎えられた。しかし舞踊家の肉体には限界があり、《ボレロ》(原曲約15分、演技8分) でも《アダージェット》(原曲約11分、演技10分) でも、その一部を削って肉体的限界ぎりぎりの分数に調整した。実際の演奏の聴取と楽譜の検討が繰り返される。フィギュアスケートによる原曲の編集には、実に難しい（著作権上、音楽美学上などの）問題が存在し、Atelierが最も神経を使った点であった。それにしてもすでに6分で驚かれていた演技者・町田は、プロ最後の2018年、10分前後の大作に次々挑む。メンバーの心配をよそに、それをやりきると仲間に宣言する彼はやはりアスリートだと、私たちは改めて感じ入ったのであった。

最終公演に披露した《そこに音楽がある限り》の2曲、《楽興の時》と《愛の挨拶》は、逆に短いゆえに単独では使いづらい。私たちは限りない魅力を放つ2作品を活かすために、ダブルビル形式を採用してみた。2作品が互いに魅力を削がないようにするためには、連歌で言う「付け合いの妙」を考えなければならない。幸い、演奏者の今井顕氏にとっても、五嶋みどり氏にとっても、それぞれの曲はしばしばアンコールに使われる小品で、大作を弾ききった後になお技術の余裕と愛情を込めて観客に届けられるこれらの曲は、スケーター人生最後に町田が演ずるにふさわしいと思われた。

⑵ 相貌

　Atelierのメンバーたちが、演者・町田樹にふさわしい音楽を、無数の候補曲からどのように選び出すのか。これは、フィギュアスケーター全てに通じる深い問題の一つだと思われるが、私たちのシンプルな原則は、「相貌を引き立てること」——である。

　まずは音楽ジャンルの問題があろう。とかくフィギュアスケートの世界では、「様々な音楽に挑戦する」ことを、若い選手たちに周囲が求めているように見受けられるが、いったん舞踊の世界を考えてみれば、プロのバレエダンサーが翌年にヒップホップを踊ったり、フラダンスの上演を求められることはまずないだろう。それくらい舞踊のステップや上半身の振りは、各ジャンルで熟成された規則や技があり、それを短時間で習得することはほとんど不可能である。

　一方でフィギュアスケートは歴史的にバレエを起源としているわけだが、だからといって全てのフィギュアスケート選手が、バレエプログラムを踊る必要もないだろう。

　そこで重要なのが「相貌」であると、私たちは考えてきた。「相貌」とは、美学者・尼ヶ崎彬氏によれば、踊り手一人一人がもつ「身体が発散する魅力」や「未知の身体」、そしてそうした身体の「強度」を指す。例えば、「妖艶」「人ならぬもの」「躍動」「切なさ」「狂気にも似た熱狂」など、舞踊家・町田樹にしばしば贈られる形容詞は、スケーター町田の「技術」ではなく、まさしくその優れた「相貌」を指している。(註14)

　そして尼ヶ崎氏も語るようにその「相貌」は、演者自身でなく、むしろ観客が見届ける身体の表現性である。ということは、スケーターが毎年幾つもの新たなプログラムを滑るために音楽を選んでいくとき、自分の「好きな」音楽だからといって、それが彼（彼女）の相貌を引き立てるとは限らないのである。一方で、「相貌」に似合わない音楽ジャンルを、周囲が強制することもまたできないだろう。

　Atelierメンバーは、様々な音楽を聴取しながら、自分たちもまだ見ぬ演技者・町田の「相貌」を想像し、探し求めてきた。音楽としては素晴らしくても、また過去のスケーターの使用曲が魅力的でも、それが町田を引き立てないと分かれば諦める。決断を左右するのはもはや「勘」でしかないのだが、Atelierが2012年度の《火の鳥》以降町田に提案してきたすべてのプログラムと音楽は、こうした繊細な過程と、選曲の挑戦を経て決定されたものである。幸い、振付家・町田の音楽選択の傾向が私たちと似通い、私たちの選択の意味を即座に理解して、演技者・町田にふさわしい振付を実現できたことが大きいだろう。そして私たちの「勘」が、多くの観客にそのまま受け入れられたことは、何よりの喜びでもあった。

　なおスケーターの「相貌」を引き立てるためには、フィギュアスケートにとって唯一の舞台装置とも言える「衣裳」が重要な役割を演じている。総合芸術たるゆえんの一つもここにある。Atelier t.e.r.mもここに多大な努力を傾注したが、これについては、本書PART Ⅱの「衣裳の秘密」(p.176)をお読み頂ければと思う。

⑶ プロとしての技術

　町田樹は最新のインタビュー（註15）において、スケーターの「表現」を生み出すのは「技術」と「知的感受性」の調和であると語っている。それは彼自身がこの４年間、プロスケーターおよび大学院生として精進したからこその、深い言葉だと受け取ることができる。

　実際に、2014年12月に現役の競技者を辞めた後も、プロスケーターとしての仕事を「真剣勝負」（註16）と信じた町田は、現役とは違う「技術」を獲得しようとし、周囲の人間から見れば壮絶な努力を続けてきた。確かに怪我をすれば翌日から一切の金銭的保証を失うことになるプロスケーターとしての実際的な問題から言って、４回転ジャンプを飛び続けることは現実的なことではない。しかし町田は大学院生という本業の傍ら練習時間が大幅に減る中でも、最後までトリプルアクセル（３Ａ）を失わぬよう練習し続けた。それは有難いことに、毎日24時間フル稼働している東伏見ダイドードリンコアイスアリーナの貴重な練習時間を、株式会社プリンスホテル（飯田廣文氏、岩崎伸一氏）と同アリーナ専属コーチ・染矢慎二氏のご厚意で提供して頂いたことによって、可能となったものである。

　そして町田がプロとなって新しく考えたのは、舞踊家としての絶対的な「技術」の鍛錬である。様々な舞踊ジャンルから彼が選んだのは古典バレエであり、2015年より元東京バレエ団プリンシパル・高岸直樹氏に師事して本格的なレッスンを開始したことで、むしろそれまでの肉体的弱点を克服、強化し、上半身の動きを繊細にし、同時に「舞踊とは何か」という考察を深めていく芸術的な研究の出発点ともなった。

　同時にAtelierとの度重なる討議の中で、それまでは競技ゆえに使用しなかったものの、実際には町田の演技に映えるスケーティング技術を次々と見直していった。助走をまったく排した３回転ジャンプは言うまでもなく、イーグル、イナバウアー、ハーフループ＋トウループの連続技、「腰手」ループ、長距離のアラベスク、高速で長時間のツイズルなど、観客がプログラムと共にすぐに思い出せる技から、ステップの工夫まで無数にある。

　2016年初頭には、20年以上履いてきた革のスケート靴を、軽量の靴にいよいよ履き替えた。アマチュア時代であればそのような挑戦は（相次ぐ試合の調整の問題もあって）とても不可能であったが、2017年に上演予定の《ドン・キホーテ》の超絶技巧を可能にするために、それを見越して１年前に踏み切ったのであった。合計４キロもあった革靴は、履き替えることで約半分の重さになった反面、すぐに消耗してしまうという欠点もある。本当に幸いなことに(株)小杉スケート（田山裕士氏、大前武人氏）の文字通りの職人技があって、常日頃の繊細な調整が可能となった。スケートの技は本人の天才性や努力だけで決してカバーできない、リンク貸切の時間量や靴の調整具合にどれほど左右されるものであるか、周囲の人間は初めて実感したことでもあった。

《ドン・キホーテ》以降の古典バレエや現代ダンスの翻案作品は、このような技術的開発があって初めて可能になったものである。バレエの訓練を経て初めて、町田はスケート技術の特異性、開拓すべき可能性に目を開かされ、《ドン・キホーテ》第１幕「技のバジル」のスケート版ヴァリエーションを完成させることができたと言える。

　プロのフィギュアスケート界において、様々な舞踊ジャンルのディシプリンを「専門的」に鍛錬した上で、スケート技術に転換する挑戦は、今後実践されるべき重要な試みであるように思われる。

⑷ 二次創作

　町田樹が繰り返し語ったことにより、「フィギュアスケートは総合芸術である」という彼の理想は、一般にも徐々に知られるようになってきた。それと同時にしばしば町田と私たちが話し合うのは、「フィギュアスケートは、音楽に動機づけられた二次創作」であるという事実である。著作権

法上では、フィギュアスケートは音楽の「二次的著作物」(＝一般的に言う「二次創作」)ではなく、音楽を背景 (BGM) とした別個の身体運動あるいは振付作品と捉えて問題はないようである。(註17) しかし芸術創作という観点からすると、わずか数分の演技時間のフィギュアスケートでは、音楽をもう一つの小宇宙へとさせる、その創作性の豊かさこそが、この百年間、人々に愛されてきた由縁なのではないだろうか。

　町田振付作品で言えば、小説・ドラマ『白夜行』を亮司の側から描いた《白夜行》、松田聖子作詞・歌唱の名曲を、男女の相聞歌として振付けた《あなたに逢いたくて》、2時間超の古典バレエ作品の物語を、ジークフリートの精神の劇として仕立て直した《白鳥の湖：ジークフリートとその運命》など、原曲の世界を「翻案 (adapt) し」、二次創作して別個の世界に成熟させること、これはAtelier メンバーすべての想像力や創造力をかきたてる、「感興」の源になってきた。

　二次創作だからこその仕掛けもある。例えば、《ドン・キホーテ》冒頭の無音ルッツは、フィギュアスケートならではのエンターテインメントとして仕掛けた (演者町田にとっては大変な緊張を強いられた訳であるが……)。フィギュアがスポーツとアートの狭間にあることを逆手に取ったのである。また《ボレロ》の冒頭にフクロウの鳴き声を加えることによって、(原曲では酒場であった) 舞台を一挙に森の中の氷湖へと一変させ、フィギュアスケートの起源としてのコンパルソリーから始まる独自の物語を形成した。二次創作が独りよがりにならないために必要なのは、原作への敬意と愛であることは言うまでもない。それと同時に、はかない氷上の時間で、原作と同等かそれ以上の充実感を観客に届ける挑戦と覚悟も必要だろう。それをメンバー一同、心してここまで歩んできたのである。

⑸ テーマと思想

　私たちのプログラム制作はすべてこのように、音楽から出発している。だからこそ先にコンセプトが来ることはほとんど無い。けれども、演者の相貌を引き立てる音楽が選ばれれば、今度は振付家・町田の創作欲を引き出すようなテーマや思想が、メンバーの間で議論され、精錬されていく。

　元来町田樹は、《黒い瞳》《そこに音楽がある限り》や数々のオープニング演技などにも見られるように、曲想をただ無心に踊る技と心をもっている。だが一方、実は即興で踊ることは得意としておらず、綿密な構想を具現化し、それを演ずることに気概を感ずる踊り手でもある。すでに現役時代の競技プログラム《エデンの東》を滑るにあたり、「一体ティムシェルとは何を意味するのか」と町田が1年以上も思考していたことを私たちメンバーは知っている。世間では面白おかしく、町田の「独特の性格」を囃すために「語録」化されたが、それがいかに浅薄な振る舞いであったかを、競技引退後に人々は知ることになっただろう。

　町田樹という舞踊家の「相貌」に最も合ったテーマは、〈悲恋〉と〈人間の条件〉であり、それに沿った作品が次々と構想された。本書でも【PART Ⅱ　プログラム・アーカイブ】を、こうしたテーマに従って分類し、演技写真を展開している。

　「悲恋」の系統は、《白夜行》《ヴァイオリンと管弦楽のための幻想曲》《Je te veux》《あなたに逢いたくて》──。

　「人間の条件」の系統は、《エデンの東》《交響曲第九番》《継ぐ者》《人間の条件》──。

　こうした作品に共通するのは、「悲劇名詞」と自称した町田樹自身が、人生の勝者よりも敗者の心に常に寄り添い、闇の中から光を掴み取ろうとする人間の気高さに惹かれ、それを全身全霊で踊る、という一貫した姿勢であろう。舞踊家・町田はしばしば、自分を「依り代としての身体」、あるいは「供犠の身体」と意識し、その器の中に魂を抱いて昇華させていったように見える。

　そしてだからこそ、こうしたテーマと対極にあるような、「生きる歓び」を謳う《ドン・キホーテ》の明るい太陽の輝きが眩しく、あるいは《そこに音楽がある限り》の果てしない温かさが鑑賞者の

心を揺さぶるのであろう。

　一方で2014年に大学院進学以降は、彼が人文系研究者を志す者として、「ことば」でそのテーマを語り、思想を深めていった軌跡も重なる。公式ホームページに毎回発表された「セルフライナーノーツ」はその試みの一貫であり、Atelierメンバーとの度重なる議論の成果を盛り込んだ上で、町田が書き綴った省察の数々とお読み頂ければ幸いである。

4.　振付家および演出家・町田樹という存在

　2018年10月6日、町田樹はさいたまスーパーアリーナでの最後の2つの演技をもって、フィギュアスケーターの実演家としての人生にピリオドを打った。ごく身近にいる者たちから見ても、実に清々として全く思い残すことのない引退である。それほど過酷な競技人生であった。そしてそれほど濃密なプロスケーター人生であった、と思いやって欲しい。前述したように「一歩下がればそこは死」という町田の言葉は、文字通りそのままのスケーター人生であった。競技や舞台という場で常に衆目に晒される身体を鍛え、無限の緊張感をコントロールし、同時に学問のための頭脳労働をするというのは、やはり相矛盾する重労働である。

　しかし一方で、25年間という町田のスケート人生は、振付家および演出家・町田樹を誕生させるための時間でもあったように思われる。すでに多くの観客や批評家から評価を得ているように、町田樹振付作品は、これまでの10作品のどれをとっても同じものがない、恐るべき高密度な質を誇っている。

　振付家・演出家としての彼を支えているのは、何よりも（彼自身が称する）「知的感受性」（註18）の高さであろう。それは単なる音楽に感応する能力（感受性）というより、音楽の背景を知り、原曲の思想を受け取ってそれを尊重しつつ、新たな二次創作へと自由に翼を羽ばたかせる「知的」な誠実さである。

　それに加え、過去のフィギュアスケート作品や舞踊作品を膨大に学び、過去の優れた振付を記憶し、そのエッセンスを模倣する「ミメーシス」の能力に著しく長けている。とりわけ古典バレエの翻案には必須の諸能力である。しかも単なる模倣ではもちろん無い。新しい型、振り、ステップ、ムーヴメントを生み出していく能力の高さなのである。例えば《継ぐ者》冒頭の、鳥がゆっくり羽を休める（あるいは舞い降りる）かのような振り、《あなたに逢いたくて》の随所にあらわれるエロスの表現、あるいは《人間の条件》に織り込まれた数々の、人生の不条理を表すコンテンポラリーな動き。それは一度観た者が忘れられない情景であろう。

　しかもその振付の細部を引き立てる照明設計を、町田はほぼ同時に考えながら進行していく。Atelierメンバーとの議論はもちろん常にあり、例えば《アヴェ・マリア》のマドンナブルーは、メンバーの一人の美術史的知見から導かれた色彩である。しかしプログラム制作を重ねるにつれ、照明設計の細部は町田自身が考え尽くした案となり、現場のプロとの協働作業は、彼一人の努力でなされた。さいたまスーパーアリーナでの事前作業は午前3時にまで及び、翌日の実演を控えて、Atelierメンバーの心配の種は尽きなかった。

　けれども考えてみれば、その演出への熱情は、あの高校生時代のPIW広島で身を震わすほど感動した、その初源の体験に裏付けられているのであろう。それから10年の歳月を経て、振付と演出という他に代えがたい芸術創造の体験を積んできたこの時間が、研究者としての本道を極める中で、これからの〈町田樹〉の新たな軌跡につながっていくことを、Atelier t.e.r.mの他のメンバーは心から願ってやまない。

さて、競技者・表現者　町田樹の軌跡を語ってきたこの文章の最後に、町田を含めた Atelier t.e.r.m にとって、残念ながら未完となった計画の一端をご紹介しよう。

　——実は、音楽および（演者の）舞台化粧（メイク）のみ決まっていた計画は、あまりに壮大すぎた。逆には1分にも満たない、素晴らしく短い叙情曲、これは余りに短かすぎた。それから、小さな小さなスケート場のための作品構想もあった。J-POPの歌声で捨てきれない曲もまだまだある——。

　しかし、そもそも芸術創造の傍らには、こうして顕れなかった未完の者たちが沢山存在することを、私たちは知っている。それらのすべてを含めて、町田樹とその仲間たちは、多くの方々に愛される作品を世に送り出せた幸せを、改めて今、噛みしめている。

〈註〉
1)　ジョン・スタインベック著・土屋政雄訳『エデンの東 3』（早川書房、2008年）pp.75-76
2)　筆者による町田への個人インタビュー（2018年11月）
3)　同インタビュー
4)　ウェブ掲載記事「キャノン・ワールドフィギュアスケートウェブ／町田樹選手インタビュー」（文・野口美恵, https://global.canon/ja/event/skating/interview/2013_2014/machida.html　2018年12月20日取得）
5)　註2)と同じく
6)　註4)と同じく
7)　「名実況者対談 西岡孝洋（フジテレビアナウンサー）×板垣龍佑（テレビ東京アナウンサー）コメンタリーの領分と町田樹が変えた世界」（『KISS & CRY SPECIAL BOOK 町田樹の地平』東京ニュース通信社、2018年12月）p.60
8)　「スペシャル対談 ステファン・ランビエル×町田樹」（新書館『ワールド・フィギュアスケート』50号、2011年11月）p.63
9)　インタビュー「フィリップ・ミルズ 樹のようなスケーターは他にはいない」（新書館『ワールド・フィギュアスケート』63号、2014年5月）p.46
10)　インタビュー「町田樹 氷の上は舞台だ」（同書所収）p.42
11)　町田は次の記事でも、「実は私自身、引退の2年ほど前から研究者としてのセカンドキャリアを見据えることによって、むしろ自信を持ってアスリートとして競技に打ち込めた」と証言している。ウェブ記事「フィギュアを凌ぐ学問で得た充実感—— 町田樹がアスリートに伝えたいこと」（文・萩原雄太『早稲田ウィークリー』早稲田大学、2018年4月9日　https://www.waseda.

jp/inst/weekly/features/specialissue-skating4/　2018年12月20日アクセス）
12)　町田樹「プリンスアイスワールドへの出演を終えて」、公式ホームページ、News, 2018年8月19日（http://tatsuki-machida.com/index.html）
13)　「町田樹 最後の作品を語る」（『町田樹の世界 別冊 World Figure Skating』新書館、2018年10月）p.9
14)　尼ヶ崎彬「舞踊が芸術と呼ばれるとき——相貌と強度」（『ダンス・クリティーク』所収、勁草書房、2004年）pp.178-224
　　なお町田樹もすでに尼ヶ崎理論を援用して、フィギュアスケートにおける「相貌」について論じている。
　　町田樹「プログラムという宇宙 第二回 衣装と相貌」（『Kiss & Cry 氷上の美しき勇者たち』東京ニュース通信社、2017年12月20日）pp.66-69
15)　インタビュー「フィギュアスケートとバレエの対話——技術・知的感性・表現」（『KISS & CRY SPECIAL BOOK 町田樹の地平』東京ニュース通信社、2018年12月）pp.44-59
16)　インタビュー「アイスショーは勝負の世界です」（『Prince Ice World 2017—— 4seasons.〔公式パンフレット〕』2017年4月）pp.22-25
17)　町田の次の学術論文も参照のこと。
　　町田樹「著作権法によるアーティスティック・スポーツの保護の可能性——振付を対象とした著作物性の画定をめぐる判断基準の検討」（『日本知財学会誌』第16巻第1号、2019年）pp.73-96.
18)　註15)のインタビューを参照のこと。

PART

II

プログラム・アーカイブ

フィギュアスケート写真の魅力 —— 舞踊写真の新たな領域へ

Atelier t.e.r.m

▌1枚の写真から

真っ暗な背景に浮かび上がる一人の踊り手。切なく天に手を伸ばすその両の手指の位置取りの完璧な美しさに、まず息を飲む。しかもよく見ればこの踊り手は、スケート靴を履いているではないか——よくこのような姿勢を保っていられると、観る者には次に驚きの感情がこみ上げる[図1]。

2018年10月6日に行われた町田樹・最終公演の1枚である。この日、町田は25年にわたるスケーター人生の最後の最後に、《人間の条件——マーラー・アダージェット》を自作振付し、渾身の演技を私たちにただ一度だけ残し、舞台を去った。そのプログラムを観た者には、このポーズが、冒頭1分13秒付近でわずか1、2秒のみ保たれる印象的な振りであることが思い出せるだろう。「神、あるいは運命の支配者への提示」と名づけられた第1部（町田は本作を7部に分けている）の終末。スケートでは「ランジ」と呼ばれる姿勢であるが、伸ばしきった右足の美しさと、動きを確実に止めつつさらに上体を上方に伸ばすその超絶技巧に釘付けになる人もいるだろう。それにしても漆黒の闇の中で、白金に輝く衣裳の美しさもまた忘れ難い。しかもその直後、運命の支配者の非情な沈黙に挫けたその「人」は、人形のように仰向けに倒れてしまう——その直前の刹那を捉える「写真」ならではの表現がここにある。

ところでこの「写真」は一体何であるのか。単に、スケーター町田樹のポートレートと思う者はまずいないだろう。フィギュアスケートと言えば第一に競技会で争われるスポーツであるが、アイスショーの1演目中を切り取ったこの写真は、その単なる記録でもない。ここで敢えて新しい観念でこれらの写真を見るなら、これを「舞踊写真」と捉えるのがもっともふさわしいのではないだろうか。とりわけ「総合芸術としてのフィギュアスケート」を、引退後の4年間追求し続けた町田樹の場合、その身体の鍛錬への自覚から作品世界の提示に至るまで、「舞踊」の一領域としてのフィギュアスケートの確立に賭けていたと言っても過言ではない。となればその作品と演者を撮った写真を、敢えて「舞踊写真」と呼んで捉え直してみることが、もっともふさわしいと考えられるのである[註1]。

▌スポーツ写真家たちによる舞踊写真

本書『そこに音楽がある限り』のPart IIは、「プログラム・アーカイブ」と銘打って、主に（有）ジャパンスポーツ所属の写真家の方々の撮影による、町田樹主要作品（アマチュア・プロ時代）の写真が収められている。

今ここで、フィギュアスケートをスポーツと捉えるにせよ、舞踊と捉えるにせよ、三次元の身体運動としてその全てを「記録」することは容易ではない。とりわけスポーツとしての超絶技術を記録する媒体としては、写真はほとんど役に立たないだろう。フィギュアスケートが高速で広い立体空間を移動し、しかもランダムに動くという特徴をもつだけに、一層不可能となる。高速回転中のジャンプの写真は、美的写真ともほど遠い。そもそも多くの写真家はフィギュアが、何よりも撮影の難しいスポーツであると証言している[註2]。フィギュアのスポーツ写真としての魅力はむしろ、競技会の折の力強い選手の躍動や、キス＆クライでの悲喜こもごもの表情、観客の熱狂などの画像にむしろあらわれて、後世に活き活きと伝わるのであろう。

しかしいったん「舞踊作品」として意識され、演じられたフィギュアスケートなら、それらは一気に写真家たちに無限の「視点」をもたらすものとなる。

実は日本で、これまでフィギュアスケートに関わってこられた主要な写真家たちのほとんどは「スポーツ写真家」であり、舞踊写真家の参入はほとんどない。しかし彼らはフィギュアスケートを撮るうちに自然と、「報道」か「作品撮り」かの無意識の選択を迫られ、各々の個性をそこに付与して、自分の立ち位置を決めていっているように思われる。

とりわけジャパンスポーツ代表の写真家・菅原正治氏は、日本で早い時期からフィギュアスケートを専門の一つとしたフォトグラファーであり、多くの技術的な困難を乗り越えて今日第一人者として知られている。2007年に出版された写真集『World Figure Skaters』(新書館刊)の後書きで菅原氏は、これが1985年以来20年近くの取材の成果であり、「多くの名選手を記憶に留める」ための「記録写真集」(p.180)であると語っている。ここでは競技成績もさることながら、多くの名スケーターの最も特徴的な競技会での姿を一覧にしようとする努力が際立っている。現在では特定個人スケーターの写真集が主流であるだけに、いまや貴重な「資料集」ともなっていよう。

そしてそれに比べ、この数年菅原氏およびジャパンスポーツ写真家諸氏の視点は、むしろ「舞踊写真」としての特徴を徐々に濃くしており、明らかな変化が大変興味深いのである。実際菅原氏は、2012-2013年シーズンのインタビュー記事の中で、すでに次のように語っている。

　　── フィギュアスケートの一番の魅力は？
　　── やはり音楽でしょう。音楽を使うスポーツの中でも、スピードやなめらかさがあり、音楽と一体化したドラマがある。僕は音楽が好きなので、撮影中も曲を聴いて自分も乗ってきて、自分も踊っている気持になる時もあります。そして選手がウワーッと演技すると、自分まで曲と一体化して持っていかれるんです。アレクセイ・ヤグディンなどは、そういう引き込みが上手かったと思います。次から次へと新しい選手も出てくるので成長が楽しみになり、30年以上飽きずに撮影しています。(註3)

インタビュー中に思わず、菅原氏が「踊る」ということばを用いているのが注目される。となればとりわけ、この数年間のプロスケーター・町田樹の演技に感応するのは自然なことであっただろう。菅原氏は、「いい写真が撮った時の手ごたえ」を、「スケーターの感情移入に自分も持っていかれる瞬間で」あると答えており、また演技中のイマジネーションによって「手の角度はどこまで動いたときが一番美しいだろう」というのをイメージしながら、その瞬間を連写する、とも説明している。同氏に拠れば、そもそもスポーツ写真のコツを技術的に言えば、「被写体にオートフォーカスを合わせて、シャッターチャンスより何秒か前から追うことが大事」であり、それによって狙った瞬間にピントが合う。

この秘訣はまさしく、今から半世紀前に「決定的瞬間」の捕獲者として異名を取ったアンリ・カルティエ゠ブレッソン(1908-2004)が語っていた技法でもある(註4)。スポーツ写真家たちは、実は決定的瞬間を捉えるというよりむしろ、決定的瞬間を想像する能力を必要とし、それが高速で広大な空間を一挙に支配するフィギュアスケートという独特な舞踊の撮影を可能にしたのである。

■ 舞踊写真としてのフィギュアスケート

これまで舞踊写真を語る内外の著述の中で、フィギュアスケートが取り上げられたことは一度もない。それは、アーティスティック・スポーツが「スポーツなのか、アートなのか？」という根源的議論と今後も関わっていくであろう。

しかしここで一度、フィギュアスケート写真が「舞踊写真」になりうると仮定するならば、その途端に、独自の魅力があらわれてくるのがわかる。

まずはスタジオでのポーズ写真ではなく、(多くは)一度きりの緊張感の中で演じられる「現場」感が、報道写真に通じる。また、例えば正面観照が普通となっている舞台芸術とは異なり、360度正面を予想して振付けられたプログラムは、それだけで撮影に困難が伴うであろう。しかし(菅原氏も言うように)音楽を伴った滑らかな高速の動作(イーグルやイナバウアー、スパイラル)などは、劇場の舞台では決して生じない衣裳のはためきを生んで、独自の画像を生み出す。フィギュアスケートでは基本「舞台」を設営しないため、唯二の舞台装置とも言える「衣裳」と「照明」は、写真でも重要な役割を果たす。

もうひとつ、フィギュアスケートがいわば、スポーツ／アート／エンターテインメントの狭間に位置する存在であるため、コンテンポラリーダンスなどとは異なり、演技者の圧倒的身体能力、身体的魅力に依っており(註5)、「アイドル」写真にも通じるような「ポートレート」の魅力を保持している点も無視できない。

本書が競技者・表現者町田樹の軌跡を記録することを第一としながら、奇しくも「舞踊写真」としてのフィギュアスケートを堪能できる1冊となっているのは、なによりも町田樹という舞踊家自身の魅力に由来することを、こうして私たちは改めて確認することとなる。

■ ジャパンスポーツ・町田樹写真の魅力

そもそも選手時代から、町田樹は被写体として愛されてきた。かつて写真家・田口有史氏はその魅力を、「葛藤する姿」と捉えた。「憧れ愛するものがあり、それを手に入れたいけれどまだ手に入っていない時期だからこそ、ひたすら努力する苦しさが表現になっている」(註6)と評し、《エデンの東》や《白夜行》にその真髄を観た。確かに写真家のその解釈は、ソチ代表戦時代の苛酷な競技を生き抜いた町田への何よりのエールであり、彼の表現への共感であったろう。

プロスケーター時代に入っても写真家・長久保豊氏は、町田の背中の美しさを語り、町田が「練り上げ作った構図に撮らされている」感覚、あるいは圧倒的なオーラを語っている(註7)。それらの賞賛は、舞踊家としての町田が内在的にも持つ魅力を後世に伝える証言でもあろう。

そして町田樹を含むAtelier t.e.r.mの制作が、より振付面でも様々な挑戦をし、緻密になっていくにつれ、ジャパンスポーツの写真家諸氏(菅原正治氏、伊場伸太郎氏、宋在晟氏、和田八束氏)との「協働による」舞踊写真としての精度も高まっていったのである。

町田樹は、本書Part Ⅳの学術論文でも書くように、この数年、研究者としても振付家としてもプログラムのアーカイブをいかにするかを熱心に考え続けてきた。テレビ中継車にまで乗り込んで、映像作品の作り込みに要望を出したことはすでによく知られている(註8)が、実は写真家たちとも、積極的に協働作業を続けてきたのである。幸い、町田が主に出演するアイスショー(プリンスアイスワールド、ジャパンオープン、カーニバル・オン・アイス)の専属撮影者であったジャパンスポーツは、複数の写真家でリンクを隈無く撮れるように配置することが可能である。町田は予め新しいプログラムのセルフライナーノートを渡し、必ず撮影して欲しいポイントを幾つか要望する。ジャパンスポーツはリハーサルの合間、あるいは(PIWの場合は複数公演なので)公演の合間に町田に試しのショットを見せてくれることもあったと言う。しかし放送であれ写真であれ、町田は基本「プロにはプロの仕事をお任せする」というスタンスを貫いているため、最後までどのような写真が撮られたのかを知ることはない。しかし、少なくとも「作品」としてのプログラムのテーマ、意味、見所などを写真家たちが先に共有し、様々な位置と方法によって撮るからこそ、いわば(振付家・演者)町田樹と写真家たちとの「協

[図2]《ボレロ：起源と魔力》

働」が生まれていることは確かである。

舞踊写真の歴史の中ではとりわけ、"collaboration"(写真家とダンサーの協働)による写真作品が重視されており(註9)、まさしく町田樹写真もその観点で見ることが可能だろう。そして《アヴェ・マリア》《白鳥の湖》《そこに音楽がある限り》《人間の条件》は、ただ1回きりの公演しか行われなかったため、そこでは一層、ダンサー対写真家の「丁々発止」の様を見ることができる。Atelierメンバーも後から写真の数々を前にして、全く初めて立ち現れるような光景を何度目にしたことだろうか。それは時間が途切れることのない「映像」作品では決して為し得ない、写真芸術の特異性である。

■ トップスケーターの相貌

フィギュアスケートは古典バレエに起源を持ち、超絶技巧を要求されるスポーツでもあり、そしてスケーターの個性が重視される舞踊でもあるため、写真はなによりも、そのスケーター自体の魅力を伝える媒体である。

まず《ボレロ》の1枚は、鍛え抜かれた肉体が美しく光る様に息を飲む。肘の裏側が完璧に正面を向きつつすっと伸ばされた腕は、古典バレエの訓練(ディシプリン)に則っており、しかも次第に滑る狂気に囚われていく男の躍動も捕まえている。プロスケーターになって以降の町田の、鍛錬された肉体の賜物であろう。スポーツ写真にも通じるアスリートしての町田を映し出す[図2]。

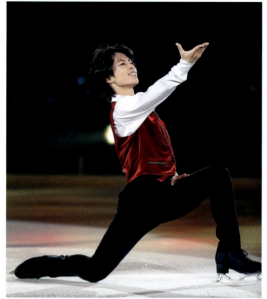

[図3]《ドン・キホーテ ガラ 2017：バジルの輝き》

[図5]《継ぐ者》

Photos © Japan Sports

[図4]《ヴァイオリンと管弦楽のための幻想曲》

[図6]《継ぐ者》

[図7]《白鳥の湖：ジークフリートとその運命》

イコンの創出

　もとより写真とは、継起し変転する時間から何かを切り取り、選択する芸術である（註11）。そして舞踊写真における「イコン（icon）」とは、その作品を象徴するような決定的な振付や、舞台の山場を撮った写真を指す。ジャパンスポーツと町田の協働作業は、全ての作品において素晴らしい「イコン」を創出することができた（註12）。

　「闇の奥から白い鳥が飛んでくるよう」（註13）との印象深い言葉を観客から引き出した《継ぐ者》の冒頭写真 [図5] は、その最たるものであろう。あるいは牧神のように両手を捧げ、片足立つ特徴的なポーズ写真も、《継ぐ者》のイコンとなる [図6]。《白鳥の湖》は、3幕のそれぞれ最終ポーズに振付家町田の最大限の工夫が凝らされているため、それがそのままイコンとなってこれからも人々の記憶に残り続けることであろう。特に第2幕の膝を突いてのけぞるポーズは [図7]、実際には1秒にも満たない間に暗転する箇所であり、1回勝負に賭けた写真家の迫真の集中力を感じさせる。古典バレエには無いそのポーズは、オディールをオデットと見間違えた王子の絶望を、ある意味ではバレエ以上に表象した姿として記憶されるであろう。

　一方《ドン・キホーテ》を踊るこの1枚は、「格好良さとはこういうこと」を信条としたプログラムの魅力、バジルという登場人物に扮した町田の完璧なポーズの美を示しているだけでなく、何よりも役柄を超えて、町田樹という人間の快活さや清廉さを映し出すポートレートである [図3]。

　そしてもちろん《エデンの東》《白夜行》《ヴァイオリンと管弦楽のための幻想曲》[図4] のポートレートに代表されるような、切ない内面の葛藤を露わにする相貌は、町田樹というスケーターの何よりの特徴である。トップスケーターとしての彼が放つ魅力が多面的であることは、誰よりも、この10年近く間近で観てきた観客が熟知しており、ファンアート（註10）の数々にもその姿が刻まれてきた。優れた肖像写真はそれとも呼び合いつつ、しかも観る者に毎回新たな発見をさせずにはおかない力がある。ぜひそこを堪能したい。

■誌上上演の試み――組写真の力

Atelier t.e.r.mは、町田樹公式ホームページの「プログラムアーカイブ」の中で、各プログラムの写真展開を基本、作品内の時間的推移に沿って並べてきた。そして2017年《白鳥の湖》では特に、舞台照明の方々の渾身の仕事に敬意を表し、リハーサル時にジャパンスポーツによって撮影された舞台=リンク映像を挟み込みつつ、写真を展開してみた。

新書館編集部はそれを受け2018年には《ボレロ》を、そして本書では《そこに音楽がある限り》《人間の条件》の「誌上上演」という新たな試みをしている。これは実に、通常のダンス雑誌でもなかなか無い珍しい企画だろう。

《ボレロ》は、『町田樹の世界』で23頁にもわたり (pp.10-33)、計31枚の写真から構成される。読者は必然的に冒頭から順次写真を眺めていくように促される。1頁全体を使った写真も、小さな連続写真もあり、観ているうちに不在のあの音楽が、聞こえてきそうな気持ちになる。ホームページでは単純なスクロールの上下配置に限られてしまうため、紙媒体の良さで全面展開されている。

こうした誌面構成を「組写真」と写真史では呼んでいるが、考えてみればフィギュアスケートがわずか数分 (町田の《ボレロ》は8分) の時間芸術だからこそ、その動きとイコン、肖像写真を繋いでいくことで上演が可能なのである。とりわけ2時間以上をかけておこなわれ、数十人にも登場人物が及ぶ古典バレエ公演では、なかなかその全幕の緊迫感は写真上演できないであろう。

本書では最後の2公演の誌上上演が試みられている。読者にはぜひその醍醐味を味わいつつ、そこに沸き立つ音楽の響きにも耳を傾けて頂ければと思う。

■意図の逸脱――写真家たちの挑戦

2018年10月の引退に至るまで、町田樹およびAtelier t.e.r.mのメンバーは、何千枚にも及ぶジャパンスポーツの写真家諸氏の仕事を見せて頂いてきた。そして何度も、意表を突く写真に出逢い、舞踊写真の奥深さに驚いてきたのである。

すでに舞踊写真の魅力の一つは、写真家とダンサー、あるいは写真家と振付家との「コラボレーション（協働）」にあると説明したが、実は「協働」とは、いつでも「意味や意図の共有」を指すとは限らない。

写真家対町田樹の勝負は、時にダンサーかつ振付家町田の意図を裏切り、逸脱する写真を生み出す。「丁々発止」とさきほど表現したのは、実はそのことである。町田によって事前に提示されるセルフライナーノートには、その折の作品の意味や意図、思想や感情が書かれているのであるが、現場に入った写真家は意識・無意識に、それとは別の何かを「発見」するのである。

例えば《継ぐ者》の写真の数々では、6分にもわたる「非」常識な分数を演技し続ける演者の、ぎりぎりの険しい表情が映し出されていた。町田自身も公式ホームページに掲載する折には、その険しい表情の男性的肖像 [図8] を、むしろ好んで選択していたことを思い出す。

《ドン・キホーテ》を撮った1枚の、まるで黒豹のようなしなやかなこの動きはどうだろうか [図9]。

[図8]《継ぐ者》

[図9]《ドン・キホーテ ガラ 2017：バジルの輝き》

Photos © Japan Sports

[図10]《あなたに逢いたくて》

© Japan Sports

元来振付家が意図したのではない、氷上だからこそ実現される跳躍の瞬間を、写真家独自の角度から撮影した1枚に惚れ込んだ読者も多いであろう。氷に映り込む影まで含めれば、本当に氷上でなければ撮れない、忘れ難い舞踊写真である。

そして最後に、取り上げるのはこの1枚――《あなたに逢いたくて》の歌詞の後半（4分40秒あたり）、「そのぬくもりを思いだし」に寄り添うように振付けられた、その瞬間の映像である［図10］。町田自身によれば「あなたへの深い想い」を表した一瞬。会場で正面から偶然鑑賞できた者は、思わず溢れたエロスを受け取ったかもしれない。

しかしその瞬間を撮ったこの写真は、「想い」や「エロス」をさらに昇華させ、あたかも宗教画（例えば聖セバスチャンの殉教）のように、厳かな静謐さを湛えている。おそらく舞踊の踊り手が根源的にもっている「供犠の身体」の相貌を、写真家はそこに捉えてしまった。それは、《あなたに逢いたくて》の作品意図を表象するイコンではなく、写真家が独自に切り拓いた舞踊写真の新たな世界なのである。

〈註〉

1) 舞踊写真については、次の論文に簡潔な整理がある。松澤慶信「ダンスと写真」（『国文學　解釈と教材』第44巻10号、1999年8月）pp.72-76

2) 以下、「キヤノン・ワールドフィギュアスケートウェブ」による写真家へのインタビュー集「ベストショット」（2012-2013年シーズン〜2017-2018年シーズンの計9名、ウェブ掲載）を、主に参照した。以下、「キヤノンインタビュー」と略す。

3) 野口美惠氏によるインタビューおよび文「写真家菅原正治氏――選手と曲に引き込まれた瞬間、最高の一枚が撮れる」キヤノンインタビュー、2012-13年シーズン。

4) Henri Cartier-Bresson (1908-2004) , Images à la sauvette, Eds. Verve, 1952.

5) 尼ヶ崎彬氏がその論で提唱した理論に従えば、「スターの身体」と「表現された身体」の丁度あわいに、フィギュアスケーターの身体は定位しているように思われる。尼ヶ崎彬「身体像の変容――20世紀ダンス史の一視点」（『ダンス・クリティーク』所収、勁草書房、2004年）pp.2-22.

6) 野口美惠「写真家田口有史――選手が表現した何モノかを、形に残すのが僕の仕事」キヤノン・ワールドフィギュアスケートウェブ：写真家インタビュー&ベストショット、2013-14年シーズン。

7) 長久保豊「まっちーの背中は美しい――プリンスアイスワールド撮られ日記」（スポニチ Annex（ウェブニュース）、2017年7月20日配信）および「まっちーの背中は美しい Part2――町田樹という名のボレロ」（同、2018年5月7日配信）

8) 次のテレビ番組での取材や発言を参照のこと。追跡 LIVE！SPORTSウォッチャー――氷上の哲学者・町田樹」（テレビ東京系列 2018年5月19日 23:00-23:55放送）

9) William A. Ewing, The Fugitive Gesture : Masterpeices of Dance Photography, Thames & Hudson, 1987.

10) 「ファンアートの地平」（『KISS & CRY SPECIAL BOOK　町田樹の地平』東京ニュース通信社、2018年12月）pp.70-77.

11) 今橋映子『フォト・リテラシー ――報道写真と読む倫理』中公新書、2008年、p.31.

12) Ewing の前掲書も参照。

13) 『町田樹振付作品に贈る言葉』（『町田樹の世界』所収、新書館、2018年）中原紗月さんの言葉より。

跳躍

　町田樹の競技時代、何よりも人々を熱狂させたのは、その細身の身体から繰り出される軸の細い、切れの良いジャンプと、舞踊的ステップの巧さであっただろう。「音にはめる」能力の高さは、観る者を唸らせる。

　宮本賢二振付《黒い瞳》は、町田のその魅力を最初に引き出した名作。2012年四大陸選手権の名演技が甦る。《アランフェス》は、和物のプログラムをここまでこなせる演技力に、誰もが目を瞠った。殺陣の技術も本物、ごまかし

ISU Grand Prix,
NHK Trophy 2012 (Sapporo)
© Japan Sports

黒い瞳
DARK EYES

振付：宮本賢二　音楽：「黒い瞳」　演奏：ラカトシュ・アンサンブル　衣裳：設楽友紀
Choreography：Kenji Miyamoto　Music：Dark Eyes
Ensemble：Lakatos Ensemble　Costume Design：Yuki Shidara

ISU Four Continents Figure Skating Championships 2012 (Colorado Springs) © Japan Sports

DARK EYES

〜 43 〜

アランフェス
ARANJUEZ

振付：荻山華乃　音楽：「アランフェス」　作曲：ホアキン・ロド
リーゴ・ビドレ　演奏：ハーブ・アルパート　衣裳：設楽友紀
Choreography：Kano Ogiyama　Music：Aranjuez
Composer：Joaquin Rodrigo Vidre　Trumpet：Herb
Alpert　Costume Design：Yuki Shidara

ISU Grand Prix, Skate America 2012 (Kent) © Japan Sports

F.U.Y.A.

振付：ステファン・ランビエル　音楽：「F.U.Y.A.」　作曲：C2C
演奏：C2C　衣裳：設楽友紀
Choreography：Stéphane Lambiel　Music：F.U.Y.A.
Composer：C2C　DJ Band：C2C　Costume Design：
Yuki Shidara

ISU Grand Prix, Skate America 2012 (Kent) © Japan Sports

ロシュフォールの恋人たち
LES DEMOISELLES DE ROCHEFORT

振付：宮本賢二　音楽：「フィナーレ」（「ロシュフォールの恋人たち」オリジナル・サウンドトラックより　作曲：ミシェル・ルグラン

Choreography：Kenji Miyamoto　Music：Finale (From Les Demoiselles de Rochefort Original Soundtrack)
Composer：Michel Legrand

DON'T STOP ME NOW

振付：荻山華乃　音楽：「Don't Stop Me Now」
作曲：フレディ・マーキュリー　演奏：クイーン　衣裳：設楽友紀
Choreography：Kano Ogiyama　Music：Don't Stop Me
Now　Composer：Freddie Mercury　Rock Band：Queen
Costume Design：Yuki Shidara

火の鳥
THE FIREBIRD

　ソチ五輪シーズンに大飛翔した町田樹の競技プログラム、SP《エデンの東》とFS《火の鳥》は、顧みて日本のみならず世界的視座に立っても、フィギュアスケート史上において「名作」となったことは疑いない。

　FS《火の鳥》は、2012-2013年シーズンから2年にわたり演じられ、完成された作品である。実はこの曲の選択にあたっては、Atelierメンバーが仕掛けたある出来事があった。

　2012年2月の四大陸選手権でSP4位に着けながら、町田はFSで大きく後退し、総合7位で終わる。その後彼はアイスキャッスルに戻るが、精神的に大きく落ち込んでしまい、練習できるような状態にはなくなっていった。そんな様子を窺い知り、Atelierメンバーは彼に日本への一時帰国を勧め、そして東京でのコンサートに誘う。しかしこの時町田には、次シーズンの選曲候補がコンサートの演目に含まれていることを、敢えて伏せておいたのである。

　2012年3月20日、第67回NHK交響楽団定期公演（指揮・外山雄三、於Bunkamuraオーチャードホール）で演奏されたストラヴィンスキー作曲・バレエ組曲「火の鳥」(1919年版)全曲を、町田は初めて生で聴き、非常に大きな衝撃と感動を得る。実はこのコンサートでは他にも、ベートーヴェン「交響曲第八番」やラヴェル「ピアノ協奏曲ト長調」が演奏され、演目の最後に控えていた「火の鳥」に、町田が心動かされるかどうかは、一種の懸けであった。ところが、演奏会終了後の拍手の中で、彼はAtelierの一人に「間違いなくこの曲は、僕のフリープログラムのための曲です！」とまるで何かにお告げされたかのように、興奮気味に口走ったのである。町田自身は、過去に断片的にしか聴いたことがなかった「火の鳥」の全貌にこの時初めて触れた訳であるが、先入観なしで得た感動の大きさにより、彼の中に一気に創作意欲が燃え上がり、精神的にも文字通りの「再生」が促された瞬間だった。

　その後町田は、多くの指揮者が演奏する「火の鳥」を聴くが、自身のスケートに合う音源を探し出すのにひと苦労する。そして試聴が叶わないままに偶然購入した日本人指揮者の演奏盤——それが町田のFS音源となった久石譲指揮「火の鳥」だったのである。折しもこの前月、あの四大陸選手権で観ていたアシュリー・ワグナー選手のFS《ブラックスワン》の瞠目する振付が、元バレエダンサーのフィリップ・ミルズ氏であったことも、町田にとっては自らの《火の鳥》の振付依頼をする上で、必然の運命としか言いようのないことだった。

　古典バレエの名作「火の鳥」だけでなく、手塚治虫が描く「人間の運命を司る」火の鳥のイメージや、モダンバレエ作品として男性によって演じられるモーリス・ベジャール振付の「火の鳥」など、先行する多くの「火の鳥」の二次創作群を丹念に調査・研究した成果も、町田樹の《火の鳥》には盛り込まれていることも、やはり改めて特筆しておくべきであろう。　　　(by Atelier t.e.r.m)

振付：フィリップ・ミルズ　音楽：「火の鳥」　作曲：イーゴリ・ストラヴィンスキー　演奏：新日本フィルハーモニー交響楽団　指揮：久石 譲　音楽編集：Studio Unisons　衣裳：設楽友紀／Jan Longmire

Choreography：Phillip Mills　Music：The Firebird　Composer：Igor Stravinsky　Orchestra：New Japan Philharmonic　Conductor：Joe Hisaishi　Music Editor：Studio Unisons　Costume Design：Yuki Shidara/Jan Longmire

Japan National Figure Skating Championships 2013 (Saitama) © Japan Sports

THE FIREBIRD

~ 49 ~

ISU World Figure Skating Championships 2014 (Saitama)
© Japan Sports

明るく跳躍の力強さに満ちた、切れの良い舞踊を得意とする青年スケーターが同時に、かなわぬ恋を演ずることにかけて誰に勝るとも劣らない、とは何と豊かな天賦の才を与えられているのか。人は町田樹を、「魂で演技するスケーター」と呼ぶ。かなえられぬ恋、かなえてはいけない愛、かなって破れた恋……町田は、愛や恋の「あらゆるかたち」を身体表現に落とし込んで、私たちに語って見せた。

競技時代、《カサブランカ》の細部の手直しによって目覚めた振付家としての才能は、第1作《白夜行》の中で豊かに花開く。《ヴァイオリンと管弦楽のための幻想曲》も、振付家フィリップ・ミルズとの共作とも呼ぶべき深い思索が含まれる。自作振付第2作目の《Je te veux》は《白夜行》と真逆に、洒落たワルツの儚い夢を描いて、私たちを驚かせる。

町田の「悲恋」はさらに、人生の深い真実に触れる。「邪悪なれど純粋無垢な自己犠牲」や、「夢は呼び交わす」男女の交歓……。

松田聖子の歌声に乗せた《あなたに逢いたくて》は、「母語の詩を滑る」困難を究極まで追求したと言う意味でも、記憶に残るだろう。

カサブランカ
CASABLANCA

《カサブランカ》は、町田がシニアクラスに上がった最初のFSである。それまでタッグを組んだことがなかった阿部奈々美氏へ、町田自らが振付依頼の手紙を書き送ったことで実現した。「カサブランカ」という選曲は、阿部氏が用意したものである。

　町田はこのFSを、2度にわたり完全演技することに成功した。1度目は2010年2月四大陸選手権における演技で、2本の3Aを完璧に決め、ノーミスでこれを披露することに成功する。当時すでに4Tを彼は習得していたため、最高難度の技を組み込んだ訳ではなかったが、シニア初の国際大会で「完全演技」することに成功したこのプログラムは、競技者町田にとって間違いなく「当たりプロ」だったと言えるだろう。4分30秒のFS全体を5つのパートとして構成した阿部氏振付の《カサブランカ》は、映画『カサブランカ』(マイケル・カーティス監督、1942年公開)のサウンドトラックの中から、名曲「As Time Goes By」の一部を含む形で音楽編集がなされ、「作品」としていま見返しても秀逸である。町田は映画の主人公・リックの心のうちを演じた。

　見どころは、まず演技冒頭(第1パート)で繰り出されるキレのある3A-3Tのコンビネーションジャンプ。非常に軸が細く、高さと幅のあるジャンプは豪快で美しく、当時19歳だった彼の潜在的な身体能力の高さを見せるものである。次の第2パートでは、JAZZYな曲想に乗ってのストレートラインステップを踏む。音取りが難しいリズムだが、彼はシンコペーションによってこれに対応し、「踊れる身体」としての自身を見事に表現している。特にこのパートの最終部に組み込まれた3Fジャンプは、次への場面展開を促す重要なエレメントだが、絶妙なタイミングで跳んでいる。そしてプログラム中盤で演じられる、過去の恋人との許されぬ愛に悩む男の悲哀(第3パート)。さらに第4パートでは、緩やかに流れる美しいメインテーマの中で、敢えてそれに抗うかのように3回転ジャンプを次々と繰り出し、最後の3Sからの3連続ジャンプを決めると、そのまま最終盤(第5パート)では上半身を大きく使ったダイナミックなサーキュラーステップへと雪崩れ込み、最後は、愛するがゆえに恋人へ永遠の別れを告げる男の張り裂けそうな心情を、渾身のラストポーズとして至る。

　町田は2010-2011年シーズン最後に、スロベニアで開催されたトリグラフトロフィー(2011年4月)に出場。そこで前シーズンのFS《カサブランカ》を再び披露し、非公式ながら自己ベストを大きく更新するスコアを叩き出し、圧勝する。これが2度目の完全演技である。より完璧な作品として提示したFS《カサブランカ》は、前シーズンからのルール変更に伴い、わずかひと月余りで、急遽町田自身が部分的に手直ししたものだった。この事実はこれまで公には知られていないが、振付師・町田樹の萌芽は、実はこの時に遡及できるものなのである。(by Atelier t.e.r.m)

振付:阿部奈々美　音楽:「カサブランカ」(オリジナル・サウンドトラックより)　作曲:マックス・スタイナー　衣裳:設楽友紀
Choreography:Nanami Abe　Music:From the Soundtrack of Casablanca　Composer:Max Steiner
Costume Design:Yuki Shidara

Japan National Figure Skating Championships 2009 (Osaka) © Japan Sports

CASABLANKA

Japan National Figure Skating Championships 2009 (Osaka) © Japan Sports

白夜行
BYAKUYAKO, INTO THE WHITE NIGHT

『白夜行』は、1999年に東野圭吾が上梓した長編推理小説です。ある日、大阪で起きた質屋殺しを発端とした、桐原亮司（被害者の息子）と唐沢雪穂（容疑者の娘）という二人の男女をめぐるこの物語は、これまで映画やドラマ、舞台など様々なジャンルにおいて翻案されてきました。

本作品は、東野圭吾の同名小説をはじめてフィギュアスケートで翻案したものです。音楽は2006年にTBS系列でドラマ化された「白夜行」の主題曲である河野伸さん作曲の「白夜を行く」を使用しています。この音楽からは、闇の中で暗躍することしかできず、決して太陽のもとを歩くことがない亮司の孤独と悲哀が感じられます。しかしそれだけでなく、その美しい旋律は、彼の心の奥底に未だ眠っているはずの純真な部分から発せられる悲痛な声を代弁しているかのように聞こえるのです。桐原亮司という人物を表現する上で、これ以上の音楽はありません。

物語の中で、桐原亮司は様々な犯罪に手を染めていきます。しかし、いずれの犯行も亮司が雪穂の幸せを思って為したことなのです。亮司はすでに人の心を失っていると言えるのかもしれません。ただ、亮司が雪穂のために犯罪を犯すようになった経緯（質屋殺しの真実）と、亮司が犯した罪の数と大きさ、そして亮司の最期（なぜ死んだのか）に思いを馳せれば、どれほど亮司が雪穂を愛していたのかが痛いほど感じられるのです。

本フィギュアスケート作品では、亮司が重ねてきた悪行を「邪悪なれど純粋無垢な自己犠牲」と解釈し、たとえ報われなくとも一人の女性を愛し守り続けた亮司の生き様を描いていきます。原作小説では主人公である亮司が、亮司以外の他者による視点から描かれており、彼の心理描写を極力排する物語構成となっています。それに対し本作では、徹底的に亮司の立場に寄り添い、彼の心情を直接的に描くことに注力しました。

物語の最後、桐原亮司はクリスマスに自らの命を絶ちます。本作品は、亮司の最期にちなみ、2013年12月24日にさいたまスーパーアリーナで開催されたメダリスト・オン・アイスを最終公演としました。

振付：町田 樹　音楽：「白夜を行く」（「白夜行」サウンドトラックより）　作曲：河野 伸　音楽編集：長峰直人　衣裳：設楽友紀
Choreography：Tatsuki Machida　Music：From the Soundtrack of Byakuyako, Into the White Night
Composer：Shin Kono　Music Editor：Naoto Nagamine
Costume Design：Yuki Shidara

All Japan Medalist on Ice 2013 (Saitama) © Atsushi Tomura /Getty Images

BYAKUYAKO, INTO THE WHITE NIGHT

All Japan Medalist on Ice 2013 (Saitama) © 産経新聞社

ISU Grand Prix, Skate America 2013 (Detroit) © Japan Sports

ヴァイオリンと管弦楽のための幻想曲
FANTASY FOR VIOLIN AND ORCHESTRA

　本作品は、町田樹が競技者として最後に演じたショートプログラムです。音楽は、ナイジェル・ヘス（Nigel Hess, 1953-）の「ヴァイオリンと管弦楽のための幻想曲」。この楽曲は、映画『ラベンダーの咲く庭で』（2004年）のサウンドトラックとして作曲されましたが、本フィギュアスケート作品は、映画とは独立したものとなっています。

　本作のテーマは「悲恋の極北」。生きていれば誰もが「人を愛する」ことを経験します。そして愛の成就は、大いなる幸福と安息をもたらすことでしょう。しかし、いつも人と人の愛が結び合うとは限りません。むしろ世の中には、叶うことのない愛の方がたくさん存在しているのではないでしょうか。人を愛するということは、時に途轍もなく深い悲しみや痛みを伴うこともあるのです。

　本作品は、そのような「痛みを伴う愛」によって、誰もがその胸の内に秘めているであろう心の傷（もしくは傷痕）に、共感と慈愛をもってそっと触れることができるような舞となることを願って制作されました。

　本作の振付を手がけたのは、フィリップ・ミルズ（Phillip Mills）氏。彼は、悲恋を象徴する独自の印象的な振りを随所に散りばめました。その上で、本作の最後に何かを強く求めながらも、その思いを振り切るようにして天を仰ぐ振付は、制作陣全員で熟考した要のポーズです。この一連のムーブメントは、叶わぬも想わずにはいられないその人への愛を断ち切って、「それでもなお」前を向こうとする、悲しくも崇高な意志の象徴なのです。そして当然、この断ち切ろうとする意志さえもまた、一つの歴とした愛の形であることは、もはや言うまでもないでしょう。

　「痛みを伴う愛」が刻む込む心の傷は、一生消えることも癒されることもないかもしれません。それでも本作品が、そのような傷や忘れえぬ想いと向かい続けるあなたにとって、ささやかな拠り所になれたとしたら、これ以上幸せなことはありません。

振付：フィリップ・ミルズ　音楽：「ヴァイオリンと管弦楽のための幻想曲」　作曲：ナイジェル・ヘス　演奏：ジョシュア・ベル　音楽編集：Studio Unisons　衣裳原案：Atelier t.e.r.m
衣裳制作：設楽友紀
Choreography：Phillip Mills　Music：Fantasy for Violin and Orchestra　Composer：Nigel Hess　Violin：Joshua Bell　Music Editor：Studio Unisons　Costume Plan：Atelier t.e.r.m　Costume Production：Yuki Shidara

ISU Grand Prix, Skate America 2014 (Chicago) © Japan Sports

FANTASY FOR VIOLIN AND ORCHESTRA

Japan National Figure Skating Championships 2014 (Nagano) © Japan Sports

Japan National Figure Skating Championships 2014 (Nagano)

ジュ・トゥ・ヴ
JE TE VEUX

　本作の舞台となるのは、パリの街の片隅に伸びる何気ない小径。そこをいつも愛する女性との待ち合わせの場所に使っていた、ある男の物語です。ロベール・ドアノー（Robert Doisneau, 1912-1994）の有名な写真「パリ市庁舎前のキス」（1950年）に着想を得て、本フィギュアスケート作品の物語を構想しました。

　音楽は故羽田健太郎氏（1949-2007）が弾くエリック・サティ（Érik Alfred Leslie Satie, 1866-1925）作曲の「Je te veux」。本作は、「煙草」「コート」「ハット」「スカーフ」「トルソー」といった小道具を多用しながら、羽田氏のワルツのリズムにのせて、男女の甘く切ない恋の物語をショートムービー仕立てで描いていきます。

　また本作では、とりわけ冒頭と終幕の演出である小径を歩く男の心理描写に力を入れました。というのも本作では、プロローグとエピローグで完全に同一のステップを繰り返しながらも、それぞれで全く異なる心情を表現するという新しい表現技法を試みているからです。プロローグでは、女性との待ち合わせの場所に向かう男の心情が表されます。それに対してエピローグでは、自分のもとから去ってしまった女性を思いながら一人小径を歩く男の心情が描かれます。またこれらの部分では、照明を駆使しながら、実際に男を取り巻く舞台背景として、光の小径を再現しています。

　実はこの演出も、羽田氏のピアノの音色に触発されて考案したものなのです。羽田氏が弾く「Je te veux」は、基本的に明るく朗らかに展開していくのですが、最終部で奏でられる主旋律の部分だけは、どこか物悲しさが漂っているような気がしてならないのです。それは一本調子で展開する原詩とは異なる、ピアノ演奏者の解釈の賜物です。羽田氏によって、このように絶妙に弾き分けられている二つのメロディーに呼応したいと試行錯誤した結果、対極にある二つの心情を同一のステップによって演じ分けるという表現技法に辿り着きました。

　さて残念なことに、この物語では男女が共に幸せな時間を過ごした日常は、永遠には続きませんでした。なぜ二人は別れることになってしまったのか――それはこのショートムービーを観た皆さんに、綴っていただくことにいたしましょう。

「パリ市庁舎前のキス」（1950年）© Atelier Robert Doisneau/Contact

振付・衣裳原案：町田 樹　音楽：「ジュ・トゥ・ヴ」　作曲：エリック・サティ　演奏：羽田健太郎　編集：矢野桂一　衣裳制作：伊藤聡美
Choreography：Tatsuki Machida　Music：Je te veux
Composer：Erik Satie　Piano：Kentaro Haneda　Music Editor：Keiichi Yano　Costume Design：Satomi Ito

Prince Ice World 2014 (Yokohama) © Japan Sports

JE TE VEUX

Prince Ice World 2014 (Tokyo) © Japan Sports

Prince Ice World 2014 (Yokohama)　© Japan Sports

JE TE VEUX
～ 67 ～

あなたに逢いたくて
MISSING YOU

　松田聖子さんの「あなたに逢いたくて〜 Missing You 〜」(1996年版) をフィギュアスケート作品として温め始めたのは、もう2年以上前になります。この曲を聴けば、それぞれの人が身体に密かに抱き続ける大切な人の「ぬくもり」を、感じずにはいられないでしょう。そして、その「ぬくもり」は二人がともに過ごした時間が在ったことの確証であり、胸の内に不可侵の領域となって息づいているものなのではないでしょうか。時空を超えて「あなた」の存在を鮮明に想起させるこの曲は、発表から20年を経過した今もなお、決して色褪せることのない名作です。

　すでに知られるように、2014-2015シーズンより国際スケート連盟 (ISU) は、競技会におけるボーカル曲の使用を解禁し、これによってフィギュアスケートの創作をめぐる選曲の幅は、格段に拡がりました。しかし、果たして選曲の幅が拡がると同時に、「振付 (Choreography)」における個性の創出が促され、「音楽の解釈 (Interpretation)」は深度を増したのでしょうか。

　フィギュアスケートにおいてボーカル曲を使用するという行為は、すなわち「詩を滑る」ということに他なりません。そのため、私たちはボーカル曲を選択するときはいつでも、言葉と旋律によって構築されてすでに完結しているその作品を、さらに身体で表現する── ということの意味を、自らに問う必要があるでしょう。

　本作でも、松田聖子さんの類い希な日本語表現と甘く透明な歌声が融合した作品世界を大事に、それを身体表現によって、いわば二次創作することの意義を見いだすことから出発しました。踊る人は、歌詞をそのまま表現する人でなく、歌声に「応答する」人として位置づけます。言葉と旋律にかけ合い、呼応する形で振付を施しています。そして「あなた」に対する抑えきれない感情を、氷上のスピードに転化させることで、フィギュアスケート作品としての特色を生み出すことを狙いとしました。このように「相聞歌」「感情はスピードにのせて」といった複層的なコンセプトのもと、「母語の詩を滑る」ということの意味を、あらためて追求した作品です。
「あなた」を思う「私」の心は、結局、二人の気持ちが深いところで交歓する不思議さと切なさ、そして過去と現在を往還する懐かしさを呼び起こします。本フィギュア作品を創作するにあたり想いをめぐらせていたところ、ふと心に浮かんで、「夢は呼び交わす」ということばをテーマとしました。これは、明治大正期の象徴派詩人・蒲原有明 (1875-1952) の本の題名から借りています (＊)。その内容は違いますが、時間を超えて呼び合うテーマを探り当て、本作の完成に漕ぎ着けられたことを嬉しく思います。

　そして最後に、今回、楽曲の著作権上 (しばしば困難を伴う) 二次創作を、文字通りご快諾下さいました松田聖子さん、および株式会社ファンティック (蒲池光久 社長) に心から感謝を申し上げます。松田聖子さんからはご許可下さるに当たり、「私にとっては子供のような曲を大事に滑って下さい」というメッセージを頂きました。若い私にこの曲を託して下さったその思いを改めて受け止め、長い時間をかけて練り上げてきたこのフィギュアスケート作品が、また原曲と同様に多くの方に愛されることを心から願っています。

＊蒲原有明『夢は呼び交す──黙子覚書』東京出版、1947年／岩波文庫、1984年

Prince Ice World 2016 (Yokohama) © Japan Sports

監修：Atelier t.e.r.m　振付：町田 樹　衣裳原案：Atelier t.e.r.m
音楽：「あなたに逢いたくて ~Missing You~」[PHDL-1061, マーキュリー・ミュージックエンタテインメント株式会社, 1996年4月]　歌唱：松田聖子　歌詞：松田聖子　作曲：松田聖子、小倉良　音楽編集：矢野桂一　衣裳制作：設楽友紀

Art Direction：Atelier t.e.r.m　Choreography：Tatsuki Machida　Costume Plan：Atelier t.e.r.m　Music：Missing You　Vocalist：Seiko Matsuda　Words：Seiko Matsuda　Composer：Seiko Matsuda & Ryo Ogura　Music Editor：Keiichi Yano　Costume Production：Yuki Shidara

MISSING YOU

Prince Ice World 2016 (Yokohama) © Japan Sports

あなたに逢いたくて〜 *Missing You* 〜

作詞：Seiko Matsuda
作曲：Seiko Matsuda & Ryo Ogura

二人の部屋の　扉を閉めて
思い出たちに"さよなら"告げた

あれから半年の時間が流れて　やっと笑えるのよ
毎日 忙しくしているわ
新しい人生を私なりに歩いてる…

あなたに逢いたくて　逢いたくて
眠れぬ夜は　あなたのぬくもりを
そのぬくもりを思い出し…
そっと瞳　閉じてみる

あなたの後　歩きたかった
二人で未来　築きたかった

どんなに愛しても　叶うことない　愛もあることなど
気付きもしないほど　あなただけ…
見つめてた　愛してた　私のすべてをかけて

あなたに逢いたくて　逢いたくて
眠れぬ夜は　あなたのぬくもりを
そのぬくもりを思い出し…
そっと瞳　閉じてみる

一緒に　過ごした日々を　忘れないでね
後悔しないでしょう　二人　愛し合ったこと…

あなたに逢いたくて　逢いたくて
眠れぬ夜は　あなたのぬくもりを
そのぬくもりを思い出し…
そっと瞳　閉じてみる

愛してると　つぶやいて…

Carnival on Ice 2016 (Saitama) © Japan Sports

バレエとフィギュアの出合う場所

プロスケーター最後の2年間を、町田樹は振付家としても実演家としても、いかにバレエとフィギュアスケートが出合うべきかを、高度な次元で思考し、実現した。1970年代の先駆者・ジョン・カリーにも比することのできる存在となっていったのだ。バレエダンサーとして肉体を鍛え、競技者から舞踊家へと成長した町田は、バレエの身体動作やヴァリエーションをどのようにスケート技術に落とし込むか、徹底的に研究した。

《ドン・キホーテ ガラ2017》は、フィギュアの常識を破る3幕の作品。冒頭の無音ルッツにスケーターとしての矜持が光る。主人公バジルの内面に光を当て、真新しい二次創作に仕上げるとともに、観客が拍手で盛り上げる「祝祭空間」を日本中のアイスショーに繰り広げていった。《白鳥の湖》はただ1回の公演。王子ジークフリートの精神の軌跡を描く「氷上舞踊劇」は、町田の照明演出の才能も存分に活かされた傑作である。《ボレロ》は、あの名曲を、ベジャールとは全く異なり、森の湖でスケートに熱狂するある男の物語として再構築する。息を飲むそのラスト——私たちは、新たな神話の誕生を、確かに見届けた。

ドン・キホーテ ガラ 2017：バジルの輝き
DON QUIXOTE GALA 2017：Basil's Glory

　　舞台はスペイン・バルセロナ。宿屋の娘キトリに恋心を抱く青年バジルの物語が始まります――。これはスペインの作家セルバンテス (Miguel de Cervantes Saavedra, 1547-1616) が、17世紀初頭に上梓した長編小説『ドン・キホーテ』の一場面 (同小説後編、第19章〜22章)。レオン・ミンクス (Léon Fedorovich Minkus, 1826-1917) の音楽と、マリウス・プティパ (Marius Petipa, 1818-1910) の振付によるバレエ作品 (1869年初演、ボリショイ劇場) によって、舞台化された有名なシーンです。Atelier t.e.r.m は、この古典バレエ《ドン・キホーテ》にインスピレーションを得て、活気溢れるその世界を氷上のガラ公演として仕上げてみました。

　　本フィギュア作品は、"Basil's Glory" (バジルの輝き) という副タイトルの通り、バルセロナの地で自由闊達に生きるバジルその人に焦点を当て、全3幕構成となっています。従って、音楽もバレエ《ドン・キホーテ》の中から、バジルの見せ場となっている象徴的な楽曲を選り抜いて構成しています。

　　第1幕は、名付けて「技のバジル」。古典バレエにおけるバジルのヴァリエーション (プティパ振付第3幕) の基本構造を踏まえ、フィギュアスケート版バジルのヴァリエーションとして新たに翻案しました。

　　第2幕は「夢見るバジル」。ひたむきに夢を追い求める青年の内面を、フィギュアスケートのダイナミックなエッジワークによって描きました。

　　第3幕は「祝祭のバジル」。刈り取ったばかりの麦の穂をベストのポケットに挿したバジルは、豊饒や恋の成就の歓びに満ちた心の赴くままに、祝祭空間をエネルギッシュに踊り、あなたの前を駆け抜けます。

　　フィギュアスケート作品として、オーケストラのチューニング音で幕を開ける3幕物の構成は Atelier t.e.r.m 発案の新しい試みです。それによって、氷上をあたかも舞台のように仕立て、バジルの多面的な人となりを、三つのエッセンスとして凝縮し、提示することを目指しています。

　　思えば、舞台上を快活に踊る「バジル」は、これまで多くのダンサーによって演じられてきた存在です。例えば、現在見られる映像を挙げるだけでも、アメリカン・バレエ・シアター (バジル役：ミハイル・バリシニコフ、映像収録：1983年6月、ワーナーミュージック・ジャパン)、東京バレエ団 (同役：高岸直樹、映像収録：2002年10月、新書館)、K バレエカンパニー (同役：熊川哲也、映像収録：2004年11月、TBS) が上演した《ドン・キホーテ》は、「バジル」を語る上で欠かすことのできない名舞台と言えるでしょう。

　　一方で、ミンクスの音楽「ドン・キホーテ」は、劇場の世界を超えて、氷上においても、数多くのスケーターたちによって表現されてきました。中でも特筆すべきは、ジョン・カリー (John Curry、'75-'76シーズン)、ヴィクトール・ペトレンコ (Viktor Petrenko、'87-'88シーズン)、マーク・ミッチェル (Mark Mitchell、'92-'93シーズン)、アレクセイ・ウルマノフ (Aleksei Urmanov、'92-'93シーズン)、スコット・ハミルトン (Scott Hamilton、'99-'00スターズ・オン・アイス、振付：サラ・カワハラ)、本田武史 ('00-'01

／'01-'02シーズン、振付：ローリー・ニコル）などです。彼らは必ずしも青年「バジル」の物語を演じているわけではないのですが、それぞれ優れた振付と演技により、今もなお観る人を惹きつけ、私たちの心を沸き立たせます。

　本フィギュア作品では、こうした過去の名作とパフォーマーにオマージュを捧げています。いわゆる記録は上書されていくものですが、創作性豊かな振付や心に響く演技は、やがて「型」となり多くのパフォーマーによって踊り継がれ、そして人々の記憶の中に織り込まれていくはずです。「バジル」をめぐる数々の作品やパフォーマンスの延長線上に存在する今回の作品も、まさに型の「引用」と、「独創」的なアイディアによって編まれたものなのです。

　ところで、本作の第3幕で登場するバジルのベストのポケットには、金色に輝く実り豊かな麦の穂の刺繍を施しています。この麦の穂に、私たちは「生きる歓び」という、独自の想いを込めました。決して裕福でない青年バジルが、それでもなお今という時を楽しみ、自由闊達に踊る姿には、まさに「この日を捕らえよ」（"Carpe diem" ホラティウスの言）の精神がみなぎっているのです。

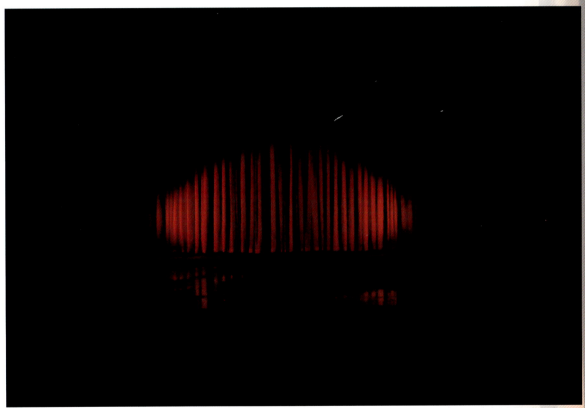

Prince Ice World 2017 (Yokohama) © World Figure Skating/Shinshokan

監修：Atelier t.e.r.m　振付：町田 樹　衣裳デザイン：Atelier t.e.r.m　音楽：「ドン・キホーテ」より [8.557065-66, NAXOS, 2003年]　作曲：レオン・ミンクス　指揮：ナイデン・トドロフ　演奏：ソフィア国立歌劇場管弦楽団　音楽編集：矢野桂一　衣裳制作：設楽友紀
Art Direction：Atelier t.e.r.m　Choreography：Tatsuki Machida　Costume Design：Atelier t.e.r.m　Music：Don Quixote　Composer：Léon Fedorovich Minkus (Ludwig Aloisius Minkus)　Conductor：Nayden Todorov　Orchestra：Sofia National Opera Orchestra　Music Editor：Keiichi Yano　Costume Production：Yuki Shidara

Prince Ice World 2017 (Tokyo) © Japan Sports

Japan Open 2017 (Saitama) © Japan Sports

DON QUIXOTE GALA 2017 : Basil's Glory

メルセデス・ベンツ○○○

DON QUIXOTE GALA 2017 : Basil's Glory

白鳥の湖：ジークフリートとその運命
SWAN LAKE : Siegfried and His Destiny

　本フィギュアスケート作品は、バレエ《白鳥の湖》に登場する王子ジークフリートに焦点を当て、彼の内面の物語を全3幕で描く作品となっています。これまで数え切れないほど多くのフィギュアスケーターがチャイコフスキー作曲の《白鳥の湖》で滑ってきましたが、意外にも男性スケーターが明らかにジークフリート役を演じるプログラムは、いまだかつて前例を見ません。

　通常、古典バレエの舞台では、悪魔ロットバルトによって白鳥にされてしまったオデットと王子ジークフリートをめぐる運命の物語が2時間以上かけて表現されていきます。本フィギュア作品では、こうした長い時間軸の中で展開していく物語を凝縮、再編し、「6分間の氷上舞踊劇」として提示することを試みました。王子ジークフリートの運命を、フィギュアスケートのプログラムというきわめて短い時間の中に凝縮させることで、彼の内面を圧倒的な強度をもって表現することが可能となるはずです。

　バレエ《白鳥の湖》は、1877年にボリショイ劇場における初演（ユリウス・レイジンゲル振付）以降、数多くの振付家によって改変され続けてきた作品です。1895年にはマリウス・プティパとレフ・イワーノフによって、現在上演されている《白鳥の湖》の原典版が制作されました。その後もこの原典をもとに改訂が重ねられアレクサンドル・ゴルスキー版（1901年）、アグリッピナ・ワガノワ版（1933年）、コンスタンチン・セルゲーエフ版（1950年）、ウラジミール・ブルメイステル版（1953年）をはじめ、ヴァリエーション豊かな《白鳥の湖》が上演されました。これらの作品において各振付家の関心は専ら、白鳥（オデット）・黒鳥（オディール）の表現方法や作品全体の構成に向けられていたようです。

　ところが、1964年のルドルフ・ヌレエフ版において初めて王子ジークフリートの存在が見直されて以降、ジョン・ノイマイヤー（1976年）、マッツ・エック（1987年）、マシュー・ボーン（1995年）によって王子を物語の中心に据える作品が立て続けに創作されてきました。中でもマシュー・ボーン版「白鳥の湖」は、舞台設定が現代的であったり、白鳥を男性が踊るなど、古典作品とは大きく異なる舞台となっていますが、ボーンの卓抜した演出と振付によって王子の深層心理を巧みに描写する作品として、ひときわ光彩を放っています。本フィギュア作品は、ヌレエフ版以降にみられる王子を物語の中心とする《白鳥の湖》の系譜に連なる作品を目指して、制作しました。

　ただし、従来のバレエ作品において王子ジークフリートは性格の弱い青年として描かれる傾向にあります。それに対し今作Atelier t.e.r.m版では、ジークフリートが、オデットの死によって初めて愛するということの意味を悟り、それゆえに自死を選びとるその強さに、彼の魂の自立を見る――という新たな解釈を提示します。運命から解き放たれたジークフリートの、高潔で気高い精神を氷上において昇華させることこそが、今作「ジークフリートとその運命」の最大の特色となっています。

　以下、今回の舞踊劇のあらすじを紹介しましょう。

第1幕 独白 ── 王子の孤独

両親の愛に恵まれず孤独な青年だった王子ジークフリートは、ある日、女王から結婚を命令されます。しかし、結婚の意思がいまだない王子は、やりきれない思いを抱えることになります。王家に生を享けた彼には、もはや周囲によって厳然と敷かれたレールの上に進行していく運命を受け入れるのみであり、自由意志というものは許容されないのです。そんな孤独と憂鬱のさなか、偶然にも王子は、湖のほとりで心から愛する女性に巡り会います。その女性こそがオデットです。第1幕では、そんな王子の王位に対する憂鬱と純愛への渇望を描いていきます。

第2幕 偽りの愛

宮廷で開かれているパーティーで、王子は、悪魔ロットバルトが差し向けたオディールという女性に出会います。ですが、王子はそれがロットバルトの罠であることも知らず、オディールをオデットと思い込んでしまいます。そしてオディールへ愛を誓ってしまうのです。第2幕では、取り返しのつかない過ちを犯してしまった王子の絶望が描かれています。この局面に至ると、彼の運命はもう、ある一つの結末へと不可逆に進行していくことになります。

第3幕 ジークフリートの死 ── あるいは永遠の誓い

心から愛したオデットを思わぬかたちで裏切ってしまったジークフリートは、再びオデットに会い、許しを請います。そこに、無情にもロットバルトが二人の仲を裂こうと立ちはだかります。ここでジークフリートは、ロットバルトという「運命」と対峙し、それに挑んでいきます。しかし王子の抵抗も虚しく、もはや逃れる術もない運命であることを悟ったオデットは、身を投げてしまいます。それを追うようにしてジークフリートは、初めて自らの意思をもって死を選ぶのです。王子の肉体は滅びますが、その魂がオデットに対する永遠の愛を誓う時、彼は人間としての自立と誇りを獲得するのです。

マリインスキー劇場のバレエ団が来日し、国内で初めて《白鳥の湖》が上演された年（1916年6月、於：帝国劇場）から、2016年で100周年を迎えました。このように長い歴史の中で変遷をたどってきた様々なバレエ《白鳥の湖》から多大なインスピレーションを得ながら、今作ではとりわけ、その物語をフィギュアスケートの伝統的なステップの様式（ストレートライン、サーキュラー、サーペンタイン）でいかに表現できるかに取り組みました。また独り舞台の形式で物語を展開させるべく、振付にマイムや演劇的な身振りを取り入れています。

音楽は、2017年現在マリインスキー劇場芸術総監督ワレリー・ゲルギエフ指揮の素晴らしい演奏に触発されました。物語に登場する人物たちの息遣いが聞こえてきそうなほどに繊細で、かつ荘厳な演奏に共鳴するかのように、それまで力なく律動していたに過ぎなかったジークフリートの運命の歯車は、やがて彼自身の意思の力でドラマティックに動き始めるのです。

監修：Atelier t.e.r.m　振付：町田 樹　衣裳原案：Atelier t.e.r.m　音楽：「白鳥の湖」op.20 より［UCCP-1124/5, Decca Music Group, 2007年］　作曲：ピョートル・イリイチ・チャイコフスキー　指揮：ワレリー・ゲルギエフ　演奏：マリインスキー劇場管弦楽団　音楽編集：矢野桂一　衣裳協力：設楽友紀

Art Direction：Atelier t.e.r.m　Choreography：Tatsuki Machida　Costume Plan：Atelier t.e.r.m　Music：The Swan Lake, op.20　Composer：Pyotr Ilyich Tchaikovsky　Conductor：Valery Abisalovich Gergiev　Orchestra：Orchestra of the Mariinsky Theatre　Music Editor：Keiichi Yano　Costume Support：Yuki Shidara

Carnival on Ice 2017 (Saitama) © Japan Sports

Carnival on Ice 2017 (Saitama) © Japan Sports

SWAN LAKE : Siegfried and His Destiny

Carnival on Ice 2017 (Saitama)
Photos © Japan Sports

Carnival on Ice 2017 (Saitama) © Japan Sports

Carnival on Ice 2017 (Saitama) © Japan Sports

SWAN LAKE : Siegfried and His Destiny

ボレロ：起源と魔力

BOLÉRO : origine et magie

　欧米でも日本でも、かつて氷の上には人間の豊かな生活文化が、花開いていた時代がありました。このような文化圏では、氷上は誰にとっても馴染みあるフィールドであり、スケート（Skating）は、生活の手段として人々の日常に浸透していたのです。冬になると人々は、スケート靴を履いて市場に買い物に出かけたり、温かい飲み物を片手に凍った池湖や川で様々な遊びを楽しんだりしていました。それが現在でも、氷上スポーツとして広く親しまれているスピードスケートやフィギュアスケート、アイスホッケー、カーリング競技の原形だったのです。また氷上に建てられたテントの中では、市街で禁止されているはずのギャンブルに興じる人たちもいて、無法地帯がひっそりと広がっていました。

　今ではとても信じられないことですが、自然の中で形成される天然の氷は、厚さが均質ではないためにしばしば脆く、不幸にも踏み抜いて命を落とす人もいたと伝えられています。

　本フィギュアスケート作品では、そのような古の時代に想を得て、スケートの魅力に取り憑かれた一人の男の姿を、以下のように象徴的に描いていきます。

　　深い霧に包まれた森の夜明け。凍った湖のほとりに一人の男が佇む。
　　いまだ漆黒の世界に、フクロウの鳴き声が、神秘的に、鈍く響く。
　　その鳴き声に誘われるように、男は氷の硬さを確かめつつ、
　　ゆっくりと氷の上に幾何学の図形を描きはじめる。

　　やがて日の出を予兆するかのように、東の空から薄明の世界が徐々に顔を覗かせる。
　　男はなお、黙々と様々なステップを試行錯誤しながら滑り続けている。
　　いつしか男の描くスケートの軌跡は、一箇所に留まることを知らず、
　　あたり一面縦横無尽に広がっていく。
　　ふと、男は立ち止まる。その顔には恍惚の表情が浮かぶ。

　　日の出がもう間近に迫り、空と大地の境界が曙色に染まりはじめる。
　　再び滑りはじめた男のスケートは次第に熱を帯び、やがて踊りに変化していく。
　　いまや滑る快楽の虜となった男の踊りは、もはや止む気配がない。

　　ついに樹々の隙間から、日の光が差し込みはじめる。
　　森が、湖が、そして世界が開眼するこの時。
　　太陽の熱が氷の表面をわずかに溶かし、日の光をあらゆる角度に反射させている。
　　だが、煌びやかな氷の舞台の下には、いつでも水はたゆたい、死の香りが充満しているのだ。
　　それに気づかぬ男は、狂気に取り憑かれたかのように滑り、踊り続けている。
　　瞬間、けたたましい音と共に光と闇が炸裂し、男の姿は湖面から忽然と消えて、無くなる。

「ボレロ」はモーリス・ラヴェル（Joseph-Maurice Ravel, 1875-1937）が、ロシア出身でフランスの
バレエダンサーであったイダ・ルビンシュタイン（Ida Lvovna Rubinstein, 1885-1960）の依頼を受
けて、1928年に作曲した舞踊音楽です。

　そして《ボレロ》と言えば、モーリス・ベジャール（Maurice Béjart, 1927-2007）の革新的作品（1961
年初演）をはじめ、野村萬斎の三番叟を基軸とする作品（2011年初演）、日舞の花柳壽輔・花柳輔
太朗振付の群舞作品（2012年初演）などの傑作が、舞踊史の中で燦然と輝いています。もちろ
んフィギュアスケート界でも、数多くの《ボレロ》作品が生まれています。ジェーン・トービル
（Jayne Torvill, 1957-）＆クリストファー・ディーン（Christopher Dean, 1958-）のプログラム（1984年）は、
それまで競技ダンスの性質が色濃かったアイスダンスのパフォーマンスを、フィギュアスケー
ト独自の創作ダンスへと昇華させた画期的な作品として今もなお語り継がれています。さらに
はエフゲニー・プルシェンコ（Evgeni Viktorovich Plushenko, 1982-）やエヴァン・ライサチェク（Evan
Frank Lysacek, 1985-）などの男性スケーターが圧倒的強度と技術力をもって、競技用プログラム
として表現しました。

　こうした過去の名作を踏まえた上で、今回Atelier t.e.r.mは、ラヴェルの舞踊音楽ボレロに、「起
源と魔力」という独自かつ普遍的なテーマを新たに見出しました。フィギュアスケート（figure-
skating）の起源であるコンパルソリーフィギュアをあえて振付に用い、幾何学の「図形」がもつ
神秘性と魔性を立ち上げることに挑戦しています。また「舞踊」はときにその呪術性によって人
を熱狂させますが、今作では一人の男が「滑ること」と「踊ること」に我を失うほど熱狂してい
く過程を、図形や衣裳、照明などの効果を最大限駆使しながら表現することに注力しました。

　そして何より、今作《ボレロ：起源と魔力》は、ドイツの詩人フリードリヒ・ゴットリープ・ク
ロプシュトック（Friedrich Gottlieb Klopstock, 1724-1802）の詩 "Der Eislauf"（「スケート」1764年）に
啓示を得て制作されました。この詩は氷の上を滑ることの快感と、スケートが根源的に秘めて
いる魔力、そしてそれに囚われた者が辿るであろう末路を暗示した作品です。命を失う危険性
があってもなお、滑って踊ることに駆り立てられる男の姿 ―― 熱狂を呼ぶムーブス・イン・ザ・
フィールド（＊）によって、フィギュアスケートの初源と失われた氷上文化を現代に甦らせます。

＊「氷面を最大限使ったステップ」を表すフィギュアスケート用語

監修：Atelier t.e.r.m　振付：町田 樹　衣裳原案：Atelier t.e.r.m
音楽：「ボレロ」[UCCD-5044, Decca Music Group, 1989年]
作曲：モーリス・ラヴェル　指揮：シャルル・デュトワ　演奏：モ
ントリオール交響楽団　音楽編集：矢野桂一　照明協力：株式
会社 東京舞台照明　衣裳協力：設楽友紀

Art Direction : Atelier t.e.r.m　Choreography :
Tatsuki Machida　Costume Plan : Atelier t.e.r.m
Music : Boléro　Composer : Joseph-Maurice Ravel
Conductor : Charles Dutoit　Orchestra : Orchestre
symphonique de Montréal　Music Editor : Keiichi
Yano　Costume Support : Yuki Shidara　Lighting
Support : Tokyo Butai Showmei at PIW

DER EISLAUF

VERGRABEN ist in ewige Nacht
  Der Erfinder großer Name zu oft!
    Was ihr Geist grübelnd entdeckt, nutzen wir;
    Aber belohnt Ehre sie auch?

Wer nannte dir den kühneren Mann,
  Der zuerst am Maste Segel erhob?
    Ach, verging selber der Ruhm dessen nicht,
    Welcher dem Fuß Flügel erfand!

Und sollte der unsterblich nicht sein,
  Der Gesundheit uns und Freuden erfand,
    Die das Roß mutig im Lauf niemals gab,
    Welche der Reihn selber nicht hat?

Unsterblich ist mein Name dereinst!
  Ich erfinde noch dem schlüpfenden Stahl
    Seinen Tanz! Leichteres Schwungs fliegt er hin,
    Kreiset umher, schöner zu sehn.

Du kennest jeden reizenden Ton
  Der Musik, drum gib dem Tanz Melodie!
    Mond und Wald höre den Schall ihres Horns,
    Wenn sie des Flugs Eile gebeut.

O Jüngling, der den Wasserkothurn
  Zu beseelen weiß, und flüchtiger tanzt,
    Laß der Stadt ihren Kamin! Komm mit mir,
    Wo des Krystalls Ebne dir winkt!

Sein Licht hat er in Düfte gehüllt,
  Wie erhellt des Winters werdender Tag
    Sanft den See! Glänzenden Reif, Sternen gleich,
    Streute die Nacht über ihn aus.

Wie schweigt um uns das weiße Gefild!
  Wie ertönt vom jungen Froste die Bahn!
    Fern verrät deines Kothurns Schall dich mir,
    Wenn du dem Blick, Flüchtling, enteilst.

Wir haben doch zum Schmause genung
  Von des Halmes Frucht? und Freuden des Weins?
    Winterluft reizt die Begier nach dem Mahl;
    Flügel am Fuß reizen sie mehr!

Zur Linken wende du dich, ich will
  Zu der Rechten hin halbkreisend mich drehn;
    Nimm den Schwung, wie du mich ihn nehmen siehst:
    Also! nun fleug schnell mir vorbei!

So gehen wir den schlängelnden Gang
  An dem langen Ufer schwebend hinab.
    Künstle nicht! Stellung, wie die, lieb ich nicht,
    Zeichnet dir auch Preisler nicht nach.

Was horchst du nach der Insel hinauf?
  Unerfahrne Läufer tönen dort her!
    Huf und Last gingen noch nicht übers Eis,
    Netze noch nicht unter ihm fort.

Sonst späht dein Ohr ja alles; vernimm,
  Wie der Todeston wehklagt auf der Flut!
    O, wie tönts anders, wie hallts, wenn der Frost
    Meilen hinab spaltet den See!

Zurück! laß nicht die schimmernde Bahn
  Dich verführen, weg vom Ufer zu gehn!
    Denn, wo dort Tiefen sie deckt, strömts vielleicht,
    Sprudeln vielleicht Quellen empor.

Den ungehörten Wogen entströmt,
  Dem geheimen Quell entrieselt der Tod.
    Glittst du auch leicht, wie dies Laub, ach, dorthin,
    Sänkest du doch, Jüngling, und stürbst!

Friedrich Gottlieb Klopstock, Ausgewählte Werke,
Carl Hanser Verlag: München, 1969, 109-111.

Prince Ice World 2018 (Yokohama)
© Japan Sports

Prince Ice World 2018 (Yokohama) © Japan Sports

Prince Ice World 2018 (Yokohama)
© Japan Sports

フィギュアスケートはハイアートもエンターテインメントも全て受容して、あらゆる音楽やジャンルを舞踊として可視化するところに、面白さと可能性が秘められている。その反面、だからこそ不徹底な舞踊の所作が許されない難しさがある。

町田を含むAtelierメンバー全員の信条は、「そこに音楽がある限り」というこの言葉に象徴される。町田のスケート技術が最高に生きるジャンルならば、何度聴いても心沸き立ち、心に染み入る音楽に導かれるように、私たちは新たな創作の窓を開く——クリス・ボッティのトランペット《アヴェ・マリア》は、私たちの感興を揺り動かした名演奏。振付家・町田はこの音楽から、会場での動線設計を瞬く間に描き出し、ただ一度きりの実演に挑戦した。あのロングアラベスクは、究極に美しい所作と、最高度のスケート技術によって成立している。そして最後のダブルビル《そこに音楽がある限り》で、町田は「熟年」スケーターとして、その技術の粋を惜しみなく見せた。無心な踊り心に酔いしれるひとときに、いまも無限に愛惜の情が募る。

そこに音楽がある限り

アヴェ・マリア
"Ave Maria" by Chris Botti

「祈り」とは、人が静謐な時のなかで希望と感謝の意を天に捧げる瞬間です。それはいつの時代も、いかなる文化圏においても、大事にされてきた普遍的な人の営みと言えるのではないでしょうか。

　今回使用する楽曲は、シューベルト（Franz Peter Schubert, 1797-1828）作曲の "Ave Maria" です。もはやこの曲を知らない人はいない、といっても過言ではありません。ヨーロッパの古い「聖母マリア信仰」を背景として作曲されたこの曲は、長い間、世界中で受容されてきました。そして今やその旋律は、キリスト教を超えた「祈り」そのものの表象として、私たちの心の奥底にまで浸透しています。

　演奏するのは世界的なトランペッターであるクリス・ボッティ（Chris Botti, 1962- ）。彼が2008年9月、ボストンのシンフォニー・ホールで開催したライブの収録音源を使用しています。同ライブは、クラシック、ジャズ、ポップス、ロック等のジャンルを超えて、様々なアーティストがクリス・ボッティとの共演を果たした伝説的なコンサートです（素晴らしい映像作品も公表されています）。そしてこのライブの開幕を告げるようにして演奏されたのが、"Ave Maria" でした。

　思えばこれまで、トランペットに合わせたフィギュア作品はほとんどありません。ジャンルを超えたセッションに、スケートの身体表現でもって加わることができたとしたら、それはどんなに素晴らしいことか——。

　まるで天から降り注いでいるかのようなトランペットの澄んだ音色と、氷の上に描かれるスケートの流れるようなトレースとが一体となる時、図らずも音楽とスケートの豊潤なコラボレーションが生まれるはずです。

　この度、はじめてジャンプを組み込まないフィギュアスケート作品を制作しました。マドンナブルーに染まった氷上に奏でられるトランペットのこのアヴェ・マリアには、もはやジャンプを取り入れることの必要性は感じられません。ロングトーンをはじめ音色に凝らされる技巧は、すでに技巧を超えて瞑想の域にまで達しています。既存のルール、価値体系に縛られることのないフィギュアスケート —— Patinage artistique（「芸術的スケート」仏語表現）のひとつの方向性を示そうとするこの作品もまた、未来のフィギュアスケート界に捧げるささやかな「祈り」なのです。

監修：Atelier t.e.r.m　振付：町田 樹　衣裳デザイン：Atelier t.e.r.m　音楽：「アヴェ・マリア」（「クリス・ボッティ　イン　ボストン」より）[UCCU-1260, Decca Music Group, 2009年10月] *2010年グラミー賞・最優秀ポップスインストゥルメンタルアルバム賞ノミネート作品　作曲：フランツ・シューベルト　演奏：クリス・ボッティ　指揮：キース・ロックハート　演奏：ボストン・ポップス・オーケストラ　音楽編集：矢野桂一　衣裳制作：伊藤聡美

Art Direction：Atelier t.e.r.m　Choreography：Tatsuki Machida　Costume Design：Atelier t.e.r.m　Music：Ave Maria From Chris Botti in Boston　Composer：Franz Peter Schubert　Trumpet：Chris Botti　Conductor：Keith Lockhart　Orchestra：Boston Pops Orchestra　Music Editor：Keiichi Yano　Costume Production：Satomi Ito

Japan Open 2016 (Saitama) © Japan Sports

"Ave Maria" by Chris Botti

~ 99 ~

Japan Open 2016 (Saitama) © Japan Sports

Japan Open 2016 (Saitama) © Japan Sports

"Ave Maria" by Chris Botti

ダブル・ビル ── そこに音楽がある限り
DOUBLE BILL : as long as there's music

　今作《そこに音楽がある限り》では、関連性はあるもののそれぞれが独立した異なる二つの作品を、立て続けに上演するダブル・ビル形式 (double bill) でお届けします。バレエをはじめとするダンスの領域において、ダブル・ビルもしくはトリプル・ビルといった上演スタイルは決して珍しくはないですが、フィギュアスケート界においては新しい試みになります。

　第1作品は、シューベルト (Franz Schubert, 1797-1828) のピアノ曲として最もポピュラーな一作である「楽興の時 第3番」(1823-1828年)。この曲をポーランド出身の作曲家であるゴドフスキー (Leopold Godowsky, 1870-1938) が編曲した楽曲を使用しています。原曲以上により豊かな音が和声として追加されており、いかにも東欧的な民族舞踊を連想させる編曲となっています。本フィギュアスケート作品では、国立音楽大学大学院教授・今井顕先生による文字通り「踊り心」をくすぐるようなピアノ演奏に導かれて、そのリズミカルな曲調をステップやターンを基調としたスケーティングで体現しています。

　第2作品はエルガー作曲の「愛の挨拶」(1888年)。この曲の初版の楽譜タイトルは、フランス語で、"Salut d'amour" となっています。"Salut" とは、親しい友人の間で交わされる出会いと別れの際に用いられる挨拶です。出会いがあれば、必ず別れが訪れる──そのことを痛切に感じさせる五嶋みどりさんのヴァイオリンの音色に寄り添うように、「愛惜」をテーマとして、旋律の微細な抑揚を氷上に描いています。

　このようにダブル・ビル形式で上演することによって、それぞれピアノとヴァイオリンが奏でる二つの楽曲を、特色の異なるスケーティングスタイルで表現しています。二つを結ぶのは「踊り心」。その付け合わせの妙も、楽しんで頂けたらと思います。

　これまで制作陣 Atelier t.e.r.m は、《継ぐ者》(2015年) から《人間の条件》(2018年) に至るまで、新機軸を盛り込んだフィギュアスケート作品を意欲的に制作してきました。しかしながら一方で、これらの作品の根底に一貫して流れている哲学はただ一つ──「素晴らしい音楽を氷上で十全に表現したい」という単純明快な想いがあるだけなのです。

　はるか昔、氷の上を滑走した人々が「音楽とともに滑りたい」と夢想してからというもの、ありとあらゆる音楽が氷上で表現されてきました。きっと、こうした氷上における音楽の身体表現は、これから先も永続していくに違いありません。

　そこに音楽がある限り──「フィギュアスケート」は、氷上で踊る文化であり続けることでしょう。

Japan Open 2018 (Saitama) © Japan Sports

DOUBLE BILL : as long as there's music
~ 103 ~

Japan Open 2018 (Saitama)
左2点：© World Figure Skating/Shinshokan　右：© Japan Sports

Japan Open 2018 (Saitama)
© Japan Sports

Japan Open 2018 (Saitama)
Photos © Japan Sports

Japan Open 2018 (Saitama) © World Figure Skating/Shinshokan

Japan Open 2018 (Saitama)   Photos © Japan Sports

Japan Open 2018 (Saitama)   Photos © Japan Sports

Japan Open 2018 (Saitama) © World Figure Skating/Shinshokan

DOUBLE BILL : as long as there's music

Japan Open 2018 (Saitama)
Photos © Japan Sports

Japan Open 2018 (Saitama)
© Japan Sports

Japan Open 2018 (Saitama) © Japan Sports

Japan Open 2018 (Saitama) © Japan Sports

Japan Open 2018 (Saitama) © Japan Sports

Japan Open 2018 (Saitama)　左：© Japan Sports　右：© World Figure Skating/Shinshokan

Japan Open 2018 (Saitama) © Japan Sports

Japan Open 2018 (Saitama) ⓒ Japan Sports

第1作品 《楽興の時 第3番》

監修：Atelier t.e.r.m　振付：町田 樹　衣裳原案：Atelier t.e.r.m
音楽：「楽興の時」第3番 From Akira Imai plays Schubert
［WWCC-7338, Live Notes, 1999年］作曲：フランツ・シュー
ベルト　編曲：レオポルド・ゴドフスキー　演奏：今井 顕　音
楽編集：矢野桂一　衣裳協力：設楽友紀　照明協力：株式会社
テレビ東京アート
Art Direction：Atelier t.e.r.m　Choreography：Tatsuki
Machida　Costume Plan：Atelier t.e.r.m　Music：Moments
musicaux 3. f moll, D780, op.94　Composer：Franz
Peter Schubert　Arrangement：Leopold Godowsky
Piano：Akira Imai　Music Editor：Keiichi Yano
Costume Support：Yuki Shidara　Lighting Support：TV
Tokyo Art & Lighting, Inc.

第2作品 《愛の挨拶》

監修：Atelier t.e.r.m　振付：町田 樹　衣裳原案：Atelier t.e.r.m
音楽：「愛の挨拶」From Midori Encore! ［SICC 10009, Sony
Music Japan, 1992年］作曲：エドワード・エルガー　演奏：
五嶋みどり　演奏：ロバート・マクドナルド　音楽編集：矢野
桂一　衣裳協力：設楽友紀　照明協力：株式会社 テレビ東京
アート
Art Direction：Atelier t.e.r.m　Choreography：Tatsuki
Machida　Costume Plan：Atelier t.e.r.m　Music：Salut
d'amour　Composer：Edward William Elgar　Violin：
Midori Goto　Piano：Robert McDonald　Music
Editor：Keiichi Yano　Costume Support：Yuki Shidara
Lighting Support：TV Tokyo Art & Lighting, Inc.

人間の条件

「汝、治むることを能う」(Timshel) とは、町田樹が 2013-2014 年シーズン、オリンピック代表権の死闘を制する道程で、彼を支えたプログラム《エデンの東》の最終テーマであったことを、いまや多くの人が知っているだろう。「人は如何にあるべきか、人は何を求め、倒れてなお再生するのか」は、町田樹がそのスケート人生を賭けて問い続けた、核心の命題であった。

町田は《エデンの東》《火の鳥》によって 2014 年世界選手権銀メダルを獲得し、世界中に、その作品によって感動を巻き起こす。《エデンの東セレブレーション》は、振付家フィリップ・ミルズが弟子の成功を祝した心からの贈り物。《交響曲第九番》は、ミルズ＝町田が現役最後に創り上げたシンフォニック・スケーティングの傑作である。プロ転向直後、振付家・町田は、シューベルトの楽曲に乗せて《継ぐ者》を披露し、人間が「継ぎ、継がれる存在」であることを提示する。かくして「人間の条件」を問い続けたその真摯で熱情溢れる創作の数々は、同題名を冠した最終作に至るまで、これからも多くの観客の人生に寄り添うものになるに違いない。

エデンの東
EAST OF EDEN

　本作は、町田樹が最初で最後と決意して挑んだオリンピックシーズン（2013-2014年のソチ五輪シーズン）のショートプログラムとして制作されました。作品の構想自体は2011年から制作陣と共に温め続けていたものです。これは、アメリカの作家ジョン・スタインベック（John Ernst Steinbeck, 1902-1968）が1952年に上梓した『エデンの東』（East of Eden）を核とする作品です。音楽も1981年にアメリカで制作された同題のテレビドラマのために、リー・ホルドリッジ（Lee Elwood Holdridge, 1944-）が作曲したサウンドトラックを使用しています。満を持した振付は、フィリップ・ミルズ氏によって手がけられました。

　本フィギュアスケート作品の構想は、私自身のある一つの言葉との出会いからはじまりました。それは『エデンの東』を語る上で欠かすことのできない重要な場面（同著作第3部第24章）——主人公のアダム・トラスクとその友人サミュエル・ハミルトン、そして聡明な中国系移民の料理人であるリーの3人が聖書に関して議論する場面で、リーが説いた「Timshel」（ティムシェル＝汝、治むることを能う）という言葉。本作の究極的な目的は、この言葉を「自分の運命は自らで切り拓く」と解釈した上で、過酷なソチオリンピックを通して、それを氷上で体現することなのです。

　町田樹はその25年にわたるスケーター人生において、いくつもの仮象の存在（伝説上の人物や神の化身など）や抽象的な精神世界を表現してきました。しかし本作では、町田樹が自らを演じ、それを自分自身の物語として提示することが中心テーマとなりました。その意味でこそ、本作は私の競技者人生史上、最高傑作になったと言えるかもしれません。

　2014年3月26日、世界フィギュアスケート選手権のショートプログラムが行われた満員のさいたまスーパーアリーナで、私は確かに「Timshel」を体現できたと信じています。しかし、この日で私自身の物語が完結したわけではありません。これからも命が続く限り、この作品を演じた自分と「Timshel」という言葉が、私の人生の原動力となっていくのだと確信しています。

　そしてまた、本作《エデンの東》が、サリナスに吹く風のように爽やかな追い風となって、あなたの背中をそっと押すことのできる作品にもなることを、心から願っています。

振付：フィリップ・ミルズ　音楽：「エデンの東」オリジナル・サウンドトラックより フィナーレ　作曲：リー・ホールドリッジ　演奏：ロンドン交響楽団　編集：Studio Unisons　衣裳：設楽友紀／伊藤聡美
Choreography：Phillip Mills　Music：Finale (from East of Eden Original Sound Score)　Composer：Lee Holdridge　Orchestra：London Symphony Orchestra　Music Editor：Studio Unisons　Costume Design：Yuki Shidara / Satomi Ito

Japan National Figure Skating Championships 2013 (Saitama) © Japan Sports

ISU World Figure Skating Championships 2014 (Saitama) © Japan Sports

ISU World Figure Skating Championships 2014 (Saitama) © Japan Sports

エデンの東──セレブレーション
EAST OF EDEN – Celebration –

　本作は、2013-2014年シーズンのショートプログラムである《エデンの東》を、フィリップ・ミルズ氏（Phillip Mills）が換骨奪胎して新たに創り上げたショーナンバーです。音楽編集を要するショートプログラムとは異なり、リー・ホルドリッジ（Lee Elwood Holdridge, 1944-）が同題のテレビドラマのために作曲した楽曲を全曲使用しています。

　本作では、バレエとフィギュアスケートの表現技法を融合させた情緒豊かなムーブメントが展開されます。その動きの数々には、ミルズ氏が長年をかけて築き上げてきた独自の美学が、妥協なく詰め込まれていると言えるでしょう。

　ジャンプとスピンが中盤と終盤にひとつずつ配されたシンプルな造りながら、慈しむように音を紡ぐステップの連なりに、私も万感の思いを込めました。

　実は、フィリップ・ミルズ氏は本作の趣旨を、私にも多くは語りませんでした。ただ、彼自身によって「セレブレーション」と名付けられたこの作品は、私のスケート人生の美しい一里塚です。ソチ五輪の代表権をめぐって2013-2014年シーズンに繰り広げられた極限の死闘を、《エデンの東》とともに闘い抜くことができた私に対して、ミルズ氏が最上の労いの意を込めてお贈りくださった作品だったのではないか、と確信しています。

　2015年12月29日、この作品を滑ることで競技者人生を終え、同時にこの作品が、プロスケーター・町田樹の最初の演技となりました。かくして卒業と門出を彩ってくれた本作品は、私にとって文字通りかけがえのないセレブレーションとなったのです。

振付：フィリップ・ミルズ　音楽：「エデンの東」オリジナル・サウンドトラックより フィナーレ　作曲：リー・ホールドリッジ　演奏：ロンドン交響楽団　衣裳制作：伊藤聡美
Choreography：Phillip Mills　Music：Finale (from East of Eden Original Sound Score)　Composer：Lee Holdridge　Orchestra：London Symphony Orchestra
Costume production：Satomi Ito

ISU Gramd Prix, Trophée Éric Bompard 2014 (Bordeux) © Japan Sports

交響曲第九番
SYMPHONY No.9

　本作品は、Atelier t.e.r.m監修によって創作された競技者・町田樹の集大成となるロングプログラムです。音楽は、ベートーヴェン（Ludwig van Beethoven, 1770-1827）作曲の「交響曲第九番」。レナード・バーンスタイン（Leonard Bernstein, 1918-1990）が指揮するウィーン・フィルハーモニー管弦楽団演奏の1979年録音盤を選曲しました。このベートーヴェン畢生の大作を、楽曲のコンセプトを決して壊さないよう、無理な楽曲編集を行わず、しかも「交響曲」の本質を5分弱の儚い時間の中に、密度と強度をもって濃縮するために、第1楽章と第4楽章を繊細に抜粋し、独自の3部構成で4分55秒の音源が制作されました。

　本フィギュアスケート作品のテーマは「シンフォニックスケーティングの極北」──いかにベートーヴェンの第九を「滑る身体」で奏でられるかということに、本作の主眼は置かれています。

　また、ドイツ文学者である矢羽々崇氏の研究『「歓喜に寄せて」の物語──シラーとベートーヴェンの『第九』』（現代書館, 2007年）に依拠しながら、シラーとベートーヴェンが第九に込めた想いを読み解くことで、「宇宙と合一化する人間の生命力を謳う」という本作のコンセプトが生み出されました。さらには、上記のテーマとコンセプトを踏まえた上で、本作の振付を手がけたフィリップ・ミルズ氏（Phillip Mills）が、3部で構成される本作の各パートを、「情熱 Passion」、「慈愛 Cherish」、「祝祭 Celebration」と名付けるに至りました。

　このように本作は、テーマとコンセプトが複層的に折り重なった全3部構成となっています。

　第1部「情熱 Passion」では、神の存在に圧倒されながらも懸命に生きようとする人間の凛とした姿が投影されます。第2部「慈愛 Cherish」は、ベートーヴェン自身が「第九」を指揮する中で聴衆と共に形成したいと願った「共同体空間」を象徴する円環のモチーフがスケートによって描かれていきます。第3部「祝祭 Celebration」では、観客の意識と視線を上方へと誘うような振りが多用され、会場を祝祭空間へと変容させていきます。そして最終的に歓喜によって満ち足りた魂を宇宙へと解放するように、右手を天高くへと差し出して、4分55秒の時空に圧縮された「第九」は幕を閉じるのです。

　この作品を演じる者には、ベートーヴェンの第九という強大な音楽に呼応するための身体運動によって、計り知れないほどの負荷が強いられることになりました。しかし、この体力の限界突破を必要とする「4分55秒」という時間を経ることで、はじめてその競技者は苦悩を突き抜けて歓喜へと至ることができるのです。そして、この境地へと至ろうとする者が観衆をも巻き込みながら創造していくスケーティングこそが、本作の標榜する「宇宙と合一化する人間の生命力を謳うシンフォニックスケーティング」なのです。

　私にとってこのプログラムは、20年間にわたる競技人生最後の作品になりました。最後まで厳しかった競技人生そのものを支えてくれた本作の、無謀とも思えるほどムーブメントを詰め込んだ濃密な世界に、妥協なく挑戦し得たことは、演者としての私が今も誇りにするところです。

＊参考文献：町田樹「音楽に触発される身体──町田樹《交響曲第九番》」（町田樹『KISS & CRY SPECIAL BOOK 町田樹の地平』東京ニュース通信社, 2018年12月）pp.98-101.

ISU Gramd Prix, Skate America 2014 (Chicago) © EPA= 時事

SYMPHONY No.9

振付：フィリップ・ミルズ　音楽：「交響曲第九番」　作曲：ルートヴィヒ・ヴァン・ベートーヴェン　演奏：ウィーン・フィルハーモニー管弦楽団　指揮：レナード・バーンスタイン　音楽編集：Studio Unisons　衣裳原案：Atelier t.e.r.m　衣裳制作：伊藤聡美

Choreography：Phillip Mills　Music：Symphony No.9 Composer：Ludwig van Beethoven　Orchestra：Vienna Philharmonic Orchestra　Conductor：Leonard Bernstein　Music Editor：Studio Unisons　Costume Plan：Atelier t.e.r.m Costume Prodution：Satomi Ito

ISU Gramd Prix, Skate America 2014 (Chicago)
© AP/AFLO

Prince Ice World 2015 (Yokohama)
© Japan Sports

継ぐ者
THE INHERITOR

　シューベルト (Franz Peter Schubert, 1797-1828) 作曲「4つの即興曲 作品90/D899」中の第3曲を使用しています。この曲から自分が受けた発想をもとに、「継ぐ者」というタイトルを創案しました。同曲は、1827年に作曲されたもので、シューベルト最晩年の作品と言ってもよいでしょう。また同年に、ベートーヴェンが死去し、彼を尊敬していたシューベルトも葬儀に参列していたという歴史的背景を鑑みると、ベートーヴェンその人に思いを馳せながら、この曲は作曲されたのかもしれません。

　この曲に関して、数多くの音源を聴く中から、国立音楽大学大学院教授・今井顕先生の演奏に出会うことができました。優しくしなやかでありながら、力強さも感じられる演奏が、皆さんを作品世界へと誘ってくれることでしょう。

　この曲を初めてフィギュアスケート作品にするにあたり、敢えてどこも切らず全曲を使用しました。そのためフィギュアとしては異例に長い、6分弱の作品となっています。またフィギュアスケートの長い歴史で精錬されてきた6種類のジャンプを全て使い、それが表現上もっとも相応しいかたちで入るような作品を目指しました。

　人間は誰もが何らかの「継承者」と言え、その人生を全うする過程で、「受け継ぐ者」と「受け渡す者」の両者を経験することになるはずです。人から人へと連なる、過去へも未来へも永遠と続く、その連綿たる連鎖の中に存在すること――をコンセプトに、先人たちが辿った軌跡と、未来を形成する者たちに思いを馳せ、「継ぐ者」を制作しました。

監修:Atelier t.e.r.m　振付:町田 樹　衣裳原案:Atelier t.e.r.m
音楽:「即興曲集」第3番　作曲:フランツ・シューベルト　演奏:今井 顕　音楽編集:矢野桂一　衣裳制作:伊藤聡美
Art Direction:Atelier t.e.r.m　Choreography:Tatsuki Machida　Costume Plan:Atelier t.e.r.m　Music: Impromptu in G Flat, Op.90/3, D899/3　Composer: Franz Peter Schubert　Piano:Akira Imai　Music Editor:Keiichi Yano　Costume Production:Satomi Ito

Prince Ice World 2015 (Yokohama)
© Japan Sports

Prince Ice World 2015 (Tokyo) © Japan Sports

THE INHERITOR

人間の条件 —— マーラー・アダージェット
LA CONDITION HUMAINE : Mahler, Adagietto

明日、世界が
　　滅びるとしても
今日、あなたは
　　りんごの木を植える

開高 健

　人は、「人生」という名の道を歩く。その道は、自分の想像力や希望によって未来を思い描くことはできても、誰一人として正確に予測することはできない。

　生きていれば、人はときに不条理な状況に突然立たされたりする。行く手に高い壁が立ちはだかり、絶望の淵に沈むことさえある。しかも、願ってもそこに救いの手が差し伸べられるとは限らない。だが、それでも人間は生きていかなければならない。では、何を信じて生きればよいのか。きっと、その答えは自分の中に存在する。ほんの少しの意志さえあれば、人は何らかの答えを必ず見つけ出し、また再び前進するための一歩を踏み出すことができるのではないか——。

　フィギュアスケーター最後の作品として、私が選んだ音楽はマーラー（Gustav Mahler, 1860-1911）作曲『交響曲第五番』第4楽章「アダージェット」。そこに寄り添ったのは、開高健の珠玉のことばでした。彼はそこで、たとえ明日世界が滅びようとも、「それでもなお」人間は希望の苗を植える、という意志と勇気を語っています。

　今作《人間の条件》は、運命に抗してでも生きようとする「人間の尊厳」を、独自に表現しようとするものです（＊）。上演時の音楽は、ヘルベルト・フォン・カラヤンが1973年8月にザルツブルク音楽祭にて指揮したグスタフ・マーラー作曲の「アダージェット」（交響曲第五番第4楽章、1904年初演）。元来、音楽史上においてこの曲は、マーラー自身が最愛の妻アルマに贈った愛をテーマにした楽曲だと言われています。しかしカラヤンの指揮するこの演奏では、神あるいは運命の支配者との対話が感じられるのです。私たちはそこに、運命の支配者へ自らを問う「提示」——「逡巡」——「怒り」——「慈愛への憧憬」——「諦念」と「意志」、という哲学的な思考の軌跡が、ある種の緊迫感を伴って進展していくさまを読み取ることができます。このような演奏に導かれた本フィギュア作品は、不条理な運命に抗して、なおも前に一歩を踏み出していく一人の人間の姿を、純白の氷に刻印するものです。

　この最後の作品が、これまでフィギュアスケーターとしての私が紡いできた幾つもの作品に連なる、究極の人間賛歌となることを希求しています。

（＊）なお本作品については、次のインタビュー記事でも、制作の詳細を語っているので参照されたい。
「町田樹　最後の作品を語る」（『町田樹の世界』所収、新書館、2018年10月、pp.6-9）

Carnival on Ice 2018 (Saitama) © Japan Sports

LA CONDITION HUMAINE : Mahler, Adagietto

Carnival on Ice 2018 (Saitama) © Japan Sports

Carnival on Ice 2018 (Saitama) © Japan Sports

LA CONDITION HUMAINE : Mahler, Adagietto

Carnival on Ice 2018 (Saitama) Photos © Japan Sports

Carnival on Ice 2018 (Saitama) © Japan Sports

LA CONDITION HUMAINE : Mahler, Adagietto

Carnival on Ice 2018 (Saitama)
© Japan Sports

Carnival on Ice 2018 (Saitama)
Photos © Japan Sports

Carnival on Ice 2018 (Saitama) © Japan Sports

LA CONDITION HUMAINE : Mahler, Adagietto

Carnival on Ice 2018 (Saitama) Photos © Japan Sports

Carnival on Ice 2018 (Saitama) © Japan Sports

Carnival on Ice 2018 (Saitama) Photos © Japan Sports

LA CONDITION HUMAINE : Mahler, Adagietto

Carnival on Ice 2018 (Saitama) © Japan Sports

LA CONDITION HUMAINE : Mahler, Adagietto

Carnival on Ice 2018 (Saitama) © Japan Sports

Carnival on Ice 2018 (Saitama)
Photos © Japan Sports

LA CONDITION HUMAINE : Mahler, Adagietto

 155

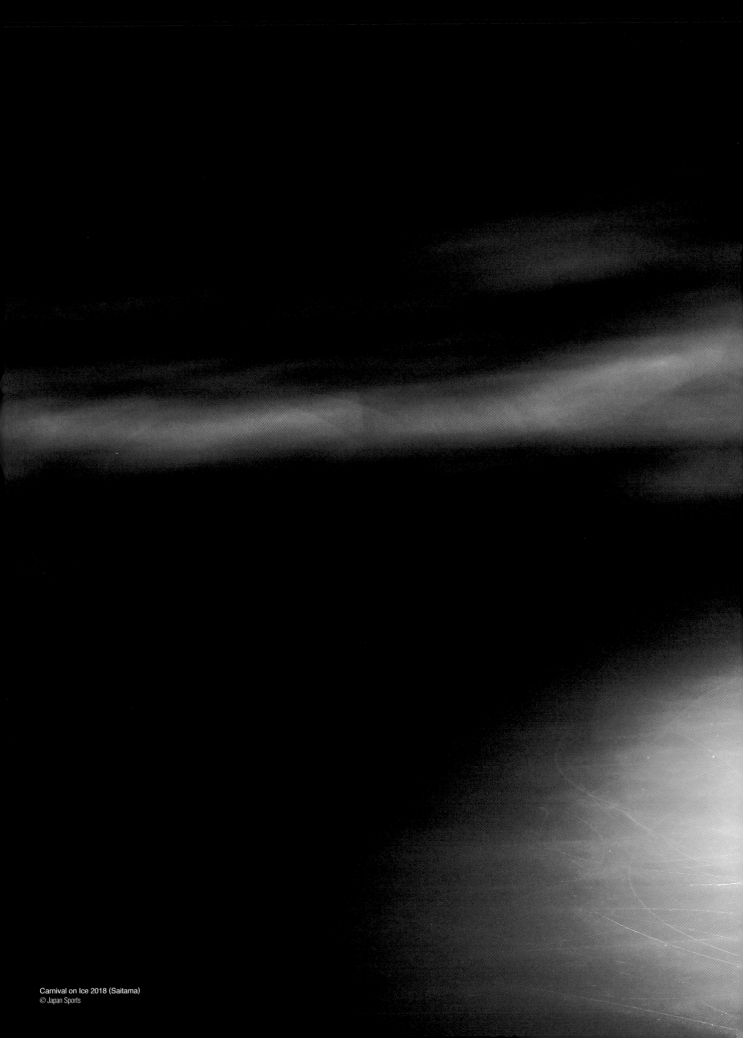

Carnival on Ice 2018 (Saitama)
© Japan Sports

Carnival on Ice 2018 (Saitama) © Japan Sports

Carnival on Ice 2018 (Saitama) © Japan Sports

LA CONDITION HUMAINE : Mahler, Adagietto

Carnival on Ice 2018 (Saitama) © Japan Sports

Carnival on Ice 2018 (Saitama) Photos © Japan Sports

LA CONDITION HUMAINE : Mahler, Adagietto

Carnival on Ice 2018 (Saitama)
Photos © Japan Sports

Carnival on Ice 2018 (Saitama) © Japan Sports

LA CONDITION HUMAINE : Mahler, Adagietto

Carnival on Ice 2018 (Saitama) © Japan Sports

Carnival on Ice 2018 (Saitama) © Japan Sports

監修：Atelier t.e.r.m　振付：町田 樹　衣裳
原案：Atelier t.e.r.m　上演時音楽：「交響曲
第五番」第４楽章 アダージェット　From
Salzburger Festspiele on 28th Aug.
1973 [FKM-CDR-192, Fachmann für
Klassischer Musik Society, 2001年]　作
曲：グスタフ・マーラー　指揮：ヘルベルト・
フォン・カラヤン　演奏：ベルリン・フィルハー
モニー管弦楽団　音楽編集：矢野桂一　衣裳
協力：設楽友紀　照明協力：株式会社 テレビ
東京アート
Art Direction : Atelier t.e.r.m
Choreography : Tatsuki Machida
Costume Plan : Atelier t.e.r.m Music :
Symphony No.5 in C-Sharp Minor,
Adagietto Composer : Gustav Mahler
Conductor : Herbert von Karajan
Orchestra : Berliner Philharmoniker
Music Editor : Keiichi Yano Costume
Support : Yuki Shidara Lighting
Support : TV Tokyo Art & Lighting, Inc.

LA CONDITION HUMAINE : Mahler, Adagietto

Carnival on Ice 2018 (Saitama)
© Japan Sports

町田樹《人間の条件──マーラー・アダージェット》
──ただ一度の奇蹟に賭けるということ──

　2018年10月6日、町田樹のスケート人生最後の演技が終わった瞬間。さいたまスーパーアリーナに降り注ぐ、愛惜に満ちた拍手は、永遠に続くと錯覚するかのようだった。彼が再び挨拶に戻るとはもはや誰もが思ってはいない。しかしそこで演じられた渾身の、全身全霊の演技への讃仰と、全てが終わるという事実へのささやかな抵抗、けれども万雷の拍手の中に共に浸り続けることの不思議な幸せの感情……今でもそれを、鮮やかに思い出すことができる。そして制作陣の私たちもまた全員、観客の一人としていつまでも惜しみない拍手を、町田樹という稀有の表現者に送っていた。なぜなら、私たちもまた、制作陣でありながら「初めて」、その感動底知れぬ作品の成就を目撃したからなのである。

　Atelierが、町田樹の演目としてマーラーの《アダージェット》を考え始めたのは、すでに8年ほど前に遡る。もちろん競技演目には到底ならないことも、即座には実行不可能であることもよく承知していた。しかし町田樹という人間が、苦悩しながらも歩んできた競技人生を知るだけでなく、その人間性と身体が醸し出す踊り手としての相貌の中に、《エデンの東》と《アダージェット》が間違いなく呼応する楽曲であることを、私たちは最初から察知したのである。それからまもなく町田自身は、振付家第一作として《白夜行》を、自ら選択している。すでに本書30頁で書いたように、こうした作品に共通するのは、かつて「悲劇名詞」と自称した町田樹自身が、人生の勝者よりも敗者の心に常に寄り添い、闇の中から光を掴み取ろうとする人間の気高さに惹かれ、それを全身全霊で踊る、という一貫した姿勢であろう。舞踊家・町田はしばしば自分を、「依り代としての身体」、あるいは「供犠の身体」と意識し、その器の中に魂を抱いて昇華させていったように見える。
《アダージェット》は8年の歳月を経て、町田がオリンピックに至る死闘の中で掴んだ最高度のスケーティング技術と、表現者としての絶え間ない勉学と研究をもって、初めて実現に至った作品である。しかも最初から町田を含めAtelier全員、その実現はスケーター人生最後を飾るべきもの──と直感していたのであった。

　Atelier t.e.r.m 監修、町田樹振付・実演の《マーラー・ア

ダージェット》は、カラヤン指揮の原曲（約11分）を約9分半に編集し、二次創作した作品である（詳細は、本書138頁のセルフライナーノーツを参照）。Atelierはカラヤンの録音演奏を徹底的に聴き込み、楽譜を検討する中から、この作品のテーマを「人間の条件」と見定め、次に町田を含む全員の対話の中で、そのコンセプトを練り上げていった。そして独自に区分けして言語化し、7部編成の作品として構想した。

第1部	(0'00"〜)	神、あるいは運命の支配者への提示
第2部	(1'17"〜)	再び、神への提示
第3部	(2'10"〜)	虚無
第4部	(2'44"〜)	逡巡
第5部	(4'10"〜)	神への怒り
第6部	(5'10"〜)	慈愛への憧憬
第7部	(7'26"〜9'30")	諦念と意志

（丸括弧内は、映像の分秒数）

　音楽的にはちょうど第7部冒頭にあるべき、主題の微かな変奏部分をカットしたのみで、あとはそのまま原曲を使用している。もとよりこの原曲に、無駄な部分などあろうはずがない。町田本人は最初、全曲を使用することを希望したが、肉体的限界を超えるという判断から、やむなく1分半のカットを断行したのであった。

　幸い、この7部構成の作品のテーマ──「運命に抗してでも生きようとする人間の尊厳」は、この作品を観た方々に理解され、支持され、SNSによる無数の感動的な反応を頂くことができた。また浜野文雄氏によるReview「青い光の下、もっと先へ──」（『ワールド・フィギュアスケート』第83号、2018年12月、p.72）によって、『旧約聖書』の「ヨブ記」に通じる「残酷な神」と人間との対比を読み取る鋭利な作品批評にも恵まれ、私たち制作陣が、その作品解釈にさらに屋上屋を架す必要は無いように思われる。私たちが後世への記録としてここに残しておきたいのは、制作陣すら予期することのなかった、町田振付・演出・演技作品の至った境地についてである。

　すでに気付いている方も多いと思うが、この作品には珍しくエピグラフ（銘句）が付いている。
　開高健「明日、世界が滅びるとしても／今日、あなたは／りんごの木を植える」は、元来マルティン・ルターの名言であるが、開高がそれを訳した日本語表現そのものが力強く、

Atelier版《アダージェット》にふさわしいものとなった。私たちが根源的に想像した「運命の支配者」への問いとは、絶対的に逃れられない難病、暴力的な自然災害による破壊の風景、ナチズムや原爆投下の時代など、究極的状況でありながら、誰にでも起こる可能性のある「人間の条件」である。SNSで応答して下さった人の中には、「人間の条件とは全知全能の神でないこと」あるいは「人間の条件とは苦しみのこと」と鋭く解釈する方があり、しかも数多くの観客が、そうした状況を「受容」することの大切さを瞬時に悟った。もちろん「受容」するに至る苦しい行程がある——演出家・町田樹はそれを、冒頭の黄金色から一転し、薄ぼんやりとした曇りの照明で進行する舞台上に、怒りの最中に、追っ手のように降ってくる雨（＝青い光）や、アリーナの天井で本物の雷のようにジリジリと鳴り続ける雷鳴のライトを配して、絶妙に表現した。「慈愛への憧憬」の場面は、現代の照明技術をもってすれば、これほどにも夢想的な雲の海を表現できるのかと瞠目するほどである。……観客はその苦しみと虚無、空しい憧憬の9分の時間の後に、まばゆいばかりに八方から差し込む青い光の交差の中、両膝を突いてしゃがみ、運命の残酷さを受け容れてもう一度立ち上がる「人」の姿を見る。

　この作品の制作が実質的に始まったのは、2018年8月《ボレロ》全24公演が全て終わった後である。《そこに音楽がある限り》（＝二作品）の振付とも並行し、2ヵ月に満たない制作の現場は苛酷を極めた。幸いテーマ等はすでに明確に定まっていたため、町田は振付と照明演出に没頭することが出来たが、振付の進行は一日で作品のわずか10秒分、という日もある。《アダージェット》ではとりわけ、最後の第7部の振付の是非について、メンバーでの議論が集中し、スケート場で何度も音かけと演技を繰り返す場面もあった。しかも全体でジャンプが、計6本（3F、3T、3S、バレエジャンプ、2A、3Lz）も入っているのである。

　プロ時代に入った直後、最初の作品《継ぐ者》で、シューベルトの原曲6分をそのまま使う、ということは当時マスコミでも度々取り上げられ、「衝撃の挑戦」と驚かれた。その後町田の作品は、《ドン・キホーテ》（3幕6分）、《白鳥の湖》（3幕8分）、《ボレロ》（8分）と長くなるばかりであったため、最終作品の約9分半の衝撃は、むしろ薄れていたように思う。しかし、3回転ジャンプがこれだけ含まれているフィギュアスケート作品を、約10分踊り続けるという事実に、制作陣は当初から懸念を町田に示し続けた。それまでの舞台でも、本人は嫌がる酸素缶を準備するのが、私たちの常態になっていたほどだった。しかも、これはあまり認識されていないようだが、町田の舞踊を特徴付けている、バレエ・メソッドに基づく美しい身体所作は、例えば脚の「ターンアウト」一つとっても、無自覚に上げる脚捌きとは違って、（バレエとは異なるス

ケート靴の重量も相俟って）それだけでも実はスケーターとしての身体に、一々多大な負担がかかっているのである。

　とりわけ、2分半にわたる第6部「慈愛への憧憬」は、原曲のどこか虚ろな、けれども優しくたゆたうような曲想に沿って、神（あるいは運命の支配者）に抱かれ愛されることを一瞬夢見る虚妄の時間を、振付の技巧ひとつで見せることもできるのではないか、と制作陣は考えもした。しかしそれに対して町田は一貫して、NOと答え続けた。2分半にも及ぶ時間だからこそ、60×30メートルのあの広い空間で「ただ滑っている」のは、作品と観客への冒涜だと言うのである。そして本番3日前の内覧会の日、Atelierメンバーの前で、町田はこの9分半の作品を、（スピン無しの）完全な形で全てのジャンプを決めて、滑り通して見せた。

　10月6日の本番の演技——いま映像にも残るそのただ一回の本番の演技で、私たち制作陣は、完全な音響と照明の入った作品を、「初めて」眼前にした。もちろん町田樹スケーター人生最後の演技、という特別な意味もある。私たちが8年越しに見続けた夢が、ついに実現した瞬間でもある。しかしそれ以上に私たちはそこに、「アスリートであり舞踊家である」町田樹の完成形を見た。3Fと3Lzという要のジャンプを失敗したことに動揺したファンもいたであろう。それを、「人間の条件を示すこの作品中では、失敗も作品の一部」と真っ当に解釈した観客も多かった。私たちもその解釈には心から同意する。その一方で、9分半の作品に6本のジャンプを入れること自体が無謀であると知っていた私たちは、完遂した演技の中にむしろ、フィギュアスケートとは何か、というとてつもない真実を突きつけられた思いがしたのだった。

　——フィギュアスケートとは、まさしく「アーティスティック」「スポーツ」である。それは競技演目でもプロの演目でも相違は全く無い。振付家にして実演家・町田樹はそれを全身全霊で表現した。もし、人生最後の作品を失敗なく終わらせたいのであれば、ジャンプを極限まで減らした演目は難なくこなせたであろう。しかし町田はそうはしなかった。しかも通常フリー競技の2倍半の時間の中に、3回転ジャンプという十分難易度の高いジャンプを最後まで入れた。技の成否を競い、予測不能な事態の成功を究極まで目指すのがスポーツであるとすれば、《アダージェット》は間違いなく、その要素を最後まで失わなかったのである。この作品中、最後の最後に、自分の行くべき道を決意したその「人」は、両の手で何かを空に放つかのような動作の後、まったく迷うことのない軌跡、そうあの《交響曲第九番》の軌跡を描いて、ルッツジャンプを飛びに行く。ルッツは準備動作を許さない、しかも豪快なスピードこそが命の技として、もはや高得点の道具ではなく、諦念を突き抜けた人間の意志の表明そのものとなる。競技者町田樹を長く見守ってきた観客たちにとって

は、2014年（同じくさいたまスーパーアリーナでの）世界選手権ショートプログラム《エデンの東》で見せた見事な成功の姿と、2018年白金に輝く衣裳がマーラーの楽曲の最大の高まりと共に宙に舞い、地に落ち、しかも見るも素早く立ち上がるその再生の姿が、二重写しになったことであろう。フィギュアスケートという「芸術ジャンル」はかくして、最後スポーツにとどまるからこそ放つ無限の魅力がある。《アダージェット》は、全身全霊のその演技の中で初めて、ジャンプ云々を問う必要が全く無い「独自の芸術作品」へと逆転し、昇華したのだった。

　こうしてただ一度、制作陣の眼前に展開された《アダージェット》は、もはや自分たちの手を離れ、町田樹が自ら演出し、演技する別空間に存在していた。しかも圧倒的な完成度を誇る奇蹟の9分半の演技となった。奇蹟と言ったのは他でもない、完璧なバレエ・メソッドの身体技法で肉体的エネルギーを極限まで使い切りながら、一瞬たりとも緩むことのない「舞踊」としての完成度のことである。8年前に私たちが「町田樹のアダージェット」を夢想したとき、実際の舞踊作品として存在し、よく知られていたのはもちろん、モーリス・ベジャール振付、ジョルジュ・ドンが演ずる《アダージェット》だった。わずか椅子一つの周囲5メートルばかりの狭い空間の中で、ジョルジュ・ドンの鍛え抜かれた肉体は、卑小と高貴のあわいにもがくように在った。イカロスの翼がもがれた、人間存在の何と苦しく、不自由なことか──ベジャールは、原曲全てを使い切ったその最後まで、元来マーラーの最愛の妻への愛の曲だという解釈を徹底的に裏切り、見事な二次創作に落とし込んだ。苦しんでなお、悲壮感と高貴さを漂わせる町田樹の相貌は、それとどこか相通ずるものがあると、私たちは啓示されたのだ。

　一度きりの実演から約1年経った現在でも注目されていないが、町田自身はインタビューの中で、この作品の振付にあたって、あまりにテンポの遅いこの楽曲においては、「音楽の可視化というよりも、音楽解釈を身体運動にいかに落とし込んでいるのか」という点が重要であると証言している（『町田樹──最後の作品を語る』『町田樹の世界』新書館、2018年、pp.7-9）。その目で何度も記録映像を鑑賞すると確かに、町田が振付家および演出家として、いかに天賦の才を示しているかが実感できよう。とりわけ、神への問いかけにおいてランジ姿勢から両手を天に掲げる美しい姿勢（本書143頁）と脱力、そこから急に棒人形のようにあお向けに倒れる、観る者がはっとするような変化（1'17"）。青い光の中心に立ちすくみ、あるいは青い光が雨のように彼を襲い、そして青い光を掬い飲むようにして運命を受容し（7'36"）、最後、光輝く青光の交差の中になお立ち上がる、それら一連の照明との共演。イーグルから最初のキャメルスピンへのそのままの移行自体が難しい技だが、さらにスピンからの身のほどき方の絶妙さ（4'00"）はフィギュアスケートで類の見ない工夫であり、「人」はそこからまるで平面的な、かつてニジンスキーが牧神で演じたかのような不思議な仕草で歩き出す。

　「怒り」のパートで、開いた左手を口に突っ込む強烈な仕草は、おそらくジョン・ノイマイヤー《ニジンスキー》からの狂える人を表象する引用であろう。こうして現代バレエを想起させる振付を諸処に織り込みながらも、振付家・町田は独自の新しいムーブメントを幾つも創出している。

　中でも「慈愛への憧憬」のパートである。このパートを町田は、私たち制作陣が安易に考えたような「神との戯れ」の表現にはしなかった。そこで「人」は、美しく浮遊する雲海の夢の中であるのになぜか畳みかけるようにジャンプを飛び、何かをしきりに探し、立ち上る香気の中で上方をめざそうとするのだが、その想いは果たされない……その最後、「人」はまるで腕を秒針の針のように使い、しかもぎくしゃくとしか動かない自分の「腕」を、自分のものではないかのように動かし、ここが安逸な場所でないことを痛いほど感じながら、顔に沿わせて「手」なるものを呆然と下ろしていく……。その一連の動作が、フィギュアではもっとも滑らかであるはずのスパイラルの姿勢で展開していくのである（7'07"～7'28"）。空間を大きく使うスパイラルであればこそ、ぎくしゃくとした上半身の痛々しい動きは、観客をもまた呆然たる寂寥の荒野に連れて行くようであった。

　この一度きりの公演の前夜、午前3時過ぎまでライティング・スタッフと共に協働し、創出した照明の素晴らしさは、さらに言うまでもない。それはAtelier t.e.r.mの中で唯一照明設計を担当した町田自身の創案であり、私たちもまた当日、観客としてその凄みを初めて知ったのだった。

　鳴り止まない演技後の拍手の中で、制作陣の私たちは真に観客の一人一人となって、ここに実現された世界の成就を心から賞賛し、そして愛惜した。8年前の私たちの確信が間違っていなかったことが嬉しかったことは言うまでもない。しかしそれ以上に、アーティスティックスポーツの一つの大きな可能性が、奇蹟のようにここに拓かれたことを何よりも嬉しく思う。そしてこれを承継する優れた試みが、今後も次々とあらわれることを待ち望むと共に、そのためにこそ、町田樹の到達した境地を、その記録映像が永く伝え、何度でも鑑賞と批評、分析され、そしてこれからの創作者や演技者たちの啓示の源となることを、制作陣として何よりも願っている。

照明の魔術

町田 樹

アイスショーの舞台にインディペンデントで出演する場合、基本的に演者が使うことのできる表現要素は、「己の身体」と「音楽」、「衣裳」、「照明」の4要素しかない。このような状況下では、情景や場面に関する描写の大部分を「照明」に頼ることになるだろう。それゆえに総合芸術としてのフィギュアスケートを成立させる上で、照明は必要不可欠な要素の一つであると言える。

確かに通常のアイスショーでは、古典バレエや演劇、ミュージカルなどの一般的なパフォーミングアーツとは異なり、大掛かりな舞台美術や複雑な舞台装置は見られない。だが、少なくとも照明機材さえあれば、それらを緻密な計算と創意工夫により制御することで、まっさらなキャンバスのような銀盤を、瞬く間に異次元の空間へと変貌させることができるのである。

Atelier t.e.r.mもまた、それに挑戦してきた。本書では、(株)東京舞台照明および(株)テレビ東京アートと協働する中で創作した、《白鳥の湖：ジークフリートとその運命》、《ダブル・ビル——そこに音楽がある限り》、《人間の条件——マーラー・アダージェット》における照明演出の数々を、ジャパンスポーツが撮影した写真とともに眺めてみることにしよう。

舞台美術および舞台装置としての照明に秘められた魔術的な美をご堪能いただきたい。❄

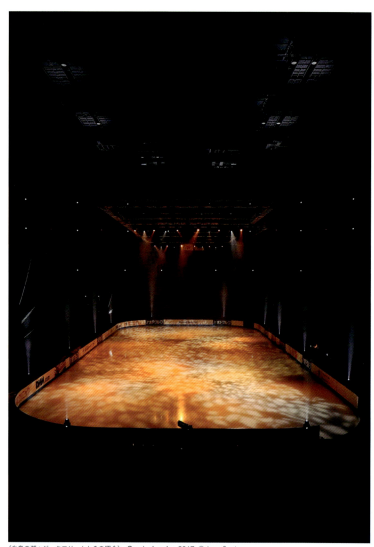

《白鳥の湖：ジークフリートとその運命》 Carnival on Ice 2017 © Japan Sports

《白鳥の湖：ジークフリートとその運命》 Carnival on Ice 2017 Photos © Japan Sports

照明の魔術

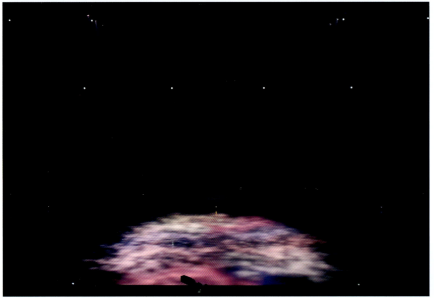

《ダブル・ビル──そこに音楽がある限り》 Japan Open 2018 © Japan Sports

《人間の条件：マーラー・アダージェット》 Carnival on Ice 2018 Photos © Japan Sports

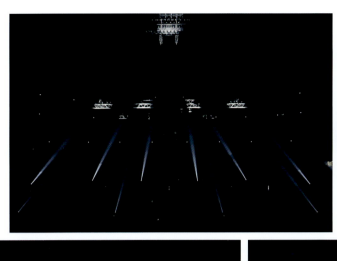

照明の魔術

衣裳の秘密

Atelier t.e.r.m

はじめに――衣裳の理念

　2018年刊行『町田樹の世界』（新書館）の読者投稿企画「町田樹振付作品に贈る言葉」では、作品批評はもちろんのこと、Atelier t.e.r.m原案の衣裳デザインについても、幸い数多くの高評が寄せられた。「銀盤」という舞台上では、基本的に大道具が設えられることがないだけに、フィギュアスケートにおいて「衣裳」が果たす役割は、「照明」の効果と共に極めて重要であることはいうまでもない。衣裳は考え抜かれた作品のコンセプトや振付と共に、膨大な音楽の中から選曲されたその聴覚的世界を、視覚的に顕在化させるための方法でもある――Atelierの衣裳デザインの背景には、実はそうした理念が一貫してある。

　Atelierはパフォーマー・町田樹の身体の、外面的特徴やその相貌の美を最も生かすことを念頭にこれまで衣裳制作を追究してきたが、町田自身もまたその衣裳を纏うために、時には一定の時間をかけて、自身を肉体改造するという過酷な挑戦も行ってきた。本コラムでは、そうした各衣裳にまつわる知られざるエピソードを、少しだけ明かしてみたい。

《交響曲第九番》 © Y.Kozuka

交響曲第九番　　　　　　　　　　　（2014年シーズンFP）

　《交響曲第九番》（以下《第九》）は、Atelier t.e.r.mが本格的に衣裳制作に関わった最初のプログラムである。町田樹の最後の競技プログラムとなったこの作品で、Atelierは芸術監修として音源選択と構成、そして衣裳デザインに関わった。特に衣裳デザインを構想するに際してはベートーヴェンの音楽と共に、とりわけ「第4楽章」に取り入れられているシラーの詩「歓喜に寄せて」の文学的世界を、いかに衣裳においても視覚化させるかということに腐心した。

　シラーは18世紀後半に、それまでの啓蒙主義的な文学界に反して、人間性の解放を謳う文学の革新運動「疾風怒濤」を興した中心人物である。「歓喜に寄せて」は、その革新運動の潮流に乗ったシラーが、1786年に友人ケルナーへ「友情の記念碑」として綴った全9節108行の詩で、その中に「星」や「天空（天蓋）」といった言葉がしばしば表れる。Atelierはまずそこに注目した。そして、その先に連想される「宇宙・星辰」や「銀河」のイメージ――Atelierはそこから想起された基本的色調として、鉱物「ラピスラズリ」の青（瑠璃色）をブラウスに選んだ。実はこの「ラピスラズリ」のことばには、語源の一つにアラビア語「ラズワルド」（lazward）ということばを含み、これは「天」・「空」・「青」などを意味する。まさに《第九》衣裳の核となるべき色調を、私たちは偶然に

も探り当てたのだった。

　だがすぐにも次の難題となったのは、シフォンの柔らかな素材のブラウス上に、如何に同時に「天蓋」のイメージを視覚化させるか——というものである。議論を重ねる中、私たちは都内にある「カトリック東京カテドラル関口教会」（通称「東京カテドラル聖マリア大聖堂」）を訪ねた。

　同教会は1899年（明治32年）に聖堂が建てられたが、1945年（昭和20年）5月25日の東京大空襲で焼失。その後紆余曲折を経て、1964年に建築家・丹下健三の設計によって再建された。いわゆるオーソドックスな教会建築とは一線を画したモダニズム建築で、上空から見た教会の建物そのものが頂部において十字架型を見せるという外観の斬新さはもちろんのこと、特筆すべきは聖堂内部のコンクリート打放しの静謐な空間である。内部は一切の柱がない。鋭く傾斜した壁は天井までの高さ40mに及ぶ大空間をつくり、見上げるとトップライトから照らす乳白色の外光が十字に輝いて見える。そして祭壇の奥はステンドグラスではなく、大理石を薄く切り出してはめた格子状の窓が天上まで高く伸び、それが手前に置かれた大きな十字架の後ろから、あたかも光背のように荘厳な黄金色の光を、聖堂内部の空間に放っているのである。

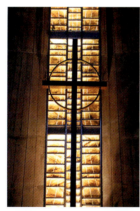

　町田が纏ったラピスラズリのブラウスの胸元中央に、左右それぞれ弧線を描きながら勢いよく上方へと伸びた黄金色の3本の曲線は、この光に満たされた大聖堂の美から、実は啓示を受けたものである。光の勢いは刺繍やストーンでは表現しきれないと

2点とも 東京カテドラル聖マリア大聖堂・カトリック関口教会

《交響曲第九番》　© Y.Kozuka

《交響曲第九番》 Photos © Y.Kozuka

判断されたため、敢えて金色の染料で手描きするという手法が取られた。制作担当者の伊藤聡美氏の筆力も相俟って、この装飾方法は思いがけず、天空を駈ける「銀河」を思わせるものともなった。

　さらに「歓喜に寄せて」の詩に表れる「葡萄」ということばであるが、そこには酒（葡萄酒）を酌み交わす人々の歓喜と、熱狂の神バッカス（ディオニソス）が表象されている。そこで、ブラウスに取り合わせたベルベットの黒ボトムのウエスト部分に、象徴的に葡萄蔓の文様を大ぶりに施すとともに、あたかもお守りのように、その装飾部分の一角にひと房の葡萄を、小さく刺繍したのだった。ラピスラズリのブラウスの「天空」には、果てしない星々をイメージして、この衣裳の縫製に関わった人々の手によって、クリスタルのビーズと縫い糸で、「星座」が密かに描かれたことも忘れ難い。

　「共に歓喜を！」という《第九》における根源的メッセージが、まさに凝縮し結晶化した〈作品〉としての衣裳──それが、町田樹の競技人生を最後に彩ったのである。

▌継ぐ者　　　　　　　　　　　　　　　　（2015年）

　競技者を引退した町田樹が、プロスケーター第1作目と
して発表した作品。音源は、国立音楽大学教授・今井顕氏
が演奏するシューベルト作曲「4つの即興曲 作品90/D899」
中の第3曲を使用している。Atelierメンバーが協働して絞
り込んだ複数の候補曲の中から、町田はすでに2013年の段
階でこの曲によるエキシビションナンバーを構想し始め、お
よそ1年をかけて数多くある演奏を聴きこむ中から、最終的
に今井氏の音源に辿りついた。

　町田が自身の公式HP（http://tatsuki-machida.com）でも
明かしているように、1827年に作曲されたこの曲は、シュー
ベルト最晩年の作品である。が、それ以上に町田が注目した
のは、この同じ年に、シューベルトが尊敬してやまなかった
ベートーヴェンが死去している事実である。彼の葬儀に松
明をもって参列したというシューベルトに想いに馳せた町田
は、この曲の旋律の中に、シューベルトのベートーヴェンに
対する深いオマージュを感じ取ったのだった。そして自身が
振付を行う際のキーワードとして、「尊敬」や「敬愛」という
ことばをAtelierメンバーに語ったのである。《継ぐ者》とい
う独自の美しいタイトルは、実はこれらのキーワードから精
錬されて生まれたのである。

　Atelierの衣裳担当者がデザイン原案をまとめるにあたっ
ては、まずこの「尊敬」や「敬愛」の意味を、内包するような
色調を見つけ出すことから始まった。そうしたところ偶然に
ある日、テレビ放送されていた過去のフィギュア番組で、一
人の男性スケーターに贈られた美しい白薔薇の花束が目に
留まった。映像でその「白」は限りなく淡いアイボリーの色
目にも見え、何とも上品で美しいのである。しかも葉や茎の
深い緑色がわずかにその白い花びらの中へと、まるで水彩
絵具のようなグラデーションを帯びて溶け込んでいた。——
ときに「白薔薇」の花言葉の一つには、「尊敬」のことばが含
まれると言われている。それは全くの奇遇だったが、これが
衣裳デザインの構想上の核となった。

《継ぐ者》Prince Ice World 2015 (Yokohama) © Japan Sports

　柔らかなジョーゼット生地を生かした乳白色のカシュ
クール。そして町田の中性的な身体ラインを生かした細身
の深緑色のボトムの組み合わせ（実は上下一体化したワンピー
ス型として縫製されている）は、彼自身もそれまでに試みたこと
がないデザインの衣裳だっただけに、制作工程ではかなり
の修正を繰り返した。カシュクールの前身頃、左右の打合
わせが通常とはあえて反対になっているのは、スピンを側面
から見たおりに布の成すドレープラインがより自然に見える
ことを計算したためである。ウエストラインに施されたスワ
ロフスキーのストーン（通称「キラ」）は華美になることを避け、
出来る限り数を抑えた。そして舞台上に注がれる照明の光
に印象的に反射するように、キラを施す位置も繊細に心掛け
たのである。

　《継ぐ者》は公開直後より、「まるで深い森に棲む妖精を見
るよう」と評された。それは私たち制作陣も、全く予期して
いなかった感想であった。だが振付や音楽と共に、おそらく
は衣裳が醸す「清らかさ」が、多くの鑑賞者の琴線に触れた
結果であっただろう。Atelierにとっても忘れがたい一作で
ある。

《ドン・キホーテ 2017：バジルの輝き》 © Y.Kozuka

■ ドン・キホーテ ガラ 2017：バジルの輝き　（2017年）

　かつて選手時代、町田はステファン・ランビエルの振付で《ドン・キホーテ》を滑った経験がある。しかし原作の古典バレエ《ドン・キホーテ》とは無関係な独自の物語での振付であったため、町田が演じた人物は主人公「バジル」ではなかった。その時の衣裳はマタドール風衣裳。華やかに魅せるために黒ジャケットとパンツには、ふんだんに「キラ」が用いられた。だがその結果、衣裳としては重さがかかり、機能的にも動きづらいという問題が生じた。そこでAtelier t.e.r.m版を制作するにあたっては、前作での反省点に立って衣裳デザインが構想された。

　まず町田はAtelier版振付を構想する際、古典バレエを踏まえつつさらにその原作、作家セルバンテス（1547-1616）の長編小説『ドン・キホーテ』の中に描かれた、バルセロナの地で自由闊達に生きる青年バジルのイメージを大切にした。すなわち小説内のバジルの人物像は、「貧しく金は無いが、高貴な精神と情熱的な夢を抱いて生きる好青年」なのである。こうした文学内のイメージは、古典バレエの世界で喜劇的に描かれる人物像ともかなり異なっている。従ってAtelier版では、豪奢なキラは限りなく廃してシンプルに——けれども、バジルの内面にある精神の「高貴さ」「情熱」また「夢の豊かさ」を表象するような装飾デザインとすることが基本方針となった。これに基づき計画された最初の衣裳は、白ブラウス、黒のボトム、そして黒のベスト（ジレ）の3点である。

　Atelier版は全3幕構成で、とりわけ第1幕「技のバジル」は、古典バレエのヴァリエーション（プティパ振付第3幕）の基本構造を踏まえるなど、パフォーマンス的には短時間ながら、極めて高いスケート技術と身体的強度が要求される振付内容となった。そのため衣裳デザイン担当者に課せられた問題は、「動きやすさ」とそれに伴う「軽さ」も絶対的条件となった。

　そうした中で、担当者によって発想されたのが「麦の穂」のアイテムである。古典バレエで「麦」と言えば《コッペリ

  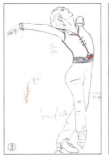 

Atelier版バジルのイメージは、とにかく「カッコイイとはこういうこと！」というフレーズに尽きる。金は無くとも豊かな精神を有した若者の姿を、衣裳デザインは端的に物語らねばならない。古典バレエのイメージを壊さずに、フィギュア衣裳としての新しさも求めた第1構想のデザイン（①）から発展させ、町田が躍動する動きをイメージしながら、ベストの丈やベルト部分の幅などが模索された（②〜⑤）。黒ベストに使用した赤味がかったベルベットは、制作者の設楽由紀氏が長年大切に保管していたもので、現在では入手が難しい特別な生地だったが、内面に宿すバジルの「情熱」を表すにはまさに打ってつけの色合いだった。胸元にデザインされたビーズによるライン刺繍（⑩）は、Atelier担当者によって麦粒から発想されたオリジナルの文様である（⑨）。

 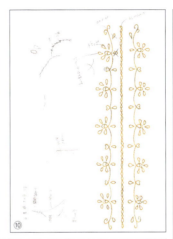

第1構想（①）の段階では、第3幕「祝祭のバジル」の黒ベストを脱いだバジルの胸元には、「金の麦畑」が立ち現われるという趣向だった。その麦畑のイメージを膨らます段階で、Atelier担当者は何度もスケッチを描き起こし（⑥〜⑦）、最終的に⑧のような下図が完成した。右に1本長く伸びる麦の穂は（⑧）、元はブラウスの左前身頃から背面へと流れるように計算されたものである。町田も大いに気に入ったこの刺繍デザインは、結局、機能性を優先するために断念した。しかし発想の転換により生まれた赤ベストの左ポケットに、⑧のデザイン画より左下2本の麦の穂が抽出され、金糸とビーズで刺繍されたが、結果としてこれが本プログラムの象徴的形象となり、多くの方々に愛された（p.183を参照）。なお本書の装丁、表・裏の見返し部分に使用されている麦畑のイメージは、実は⑥〜⑧のデザイン画を新書館デザイン室・藤澤由美子氏の手によって新たに合成したものである。特に表の見返しには⑧の原画をそのまま組み込んでおり、本作の大切な「記憶」として残したものである。

糸・一すどり。
（右のサンプルと同様に）

左右対称に

一粒付ビーズ（短い方）を追加

ここまで伸ばす。

又粒
左右対称に

一個ずつ取る
（又粒に）

葉はこちらを採用します。
輪郭線をスナッチし、中を継ぎ埋めて下さい。

ベロア生地が見えない
ように刺しゅう

ケビーズ

刺しゅう
ご処理の方

輪郭線は
ステッチ

設楽 様

何卒、直しくお願い致します。

町田 樹

Ⓑ

Ⓐ

Ⓒ

赤ベストの左ポケットに挿された2本の麦の穂は、観客席と舞台との距離を鑑み、原画よりも約1.1倍のサイズとなった。本番の衣裳そのものに刺繍する前に、設楽氏はテスト用の生地で2度の試作を行った（試作Ⓐおよびロ）。麦の穂は、その力強い生命力を刺繍によって表すために、一切の妥協なく細部までこだわったのである（Ⓑは、試作Ⓐに対してAtelierからの要望を設楽氏に町田が伝えた際のメモ書き）。こうして修正後の試作Ⓒを元に、本番衣裳にビーズ刺繍が施されたのである（p.183を参照）。

ア》が普通思い出されるが、Atelierはそれとは関係なく《ドン・キホーテ》に結びつけている。実は発想の源となったのは、担当者がかつて観たという舞台——その古い記憶は今となっては曖昧なのだが、おそらくはどこかヨーロッパのバレエ団が上演した《ドン・キホーテ》での一コマなのだという。開幕と同時に展開される「活気ある街」の情景として、「手にした麦の穂を風になびかせた数名の子どもたちが、舞台上を走り抜けてゆく」という演出——その素朴ながらも美しい光景が、忘れがたいものだったというのである。

よく知られるように、西洋においては古くから「麦の穂」は、「実り」や「繁栄」「豊穣」の象徴とされ、また時に花言葉としても「希望」を意味してきた。それはまさしくAtelier版で描こうとしていた「バジル」の人間性とも重なるイメージであり、ヒロイン「キトリ」との恋の成就を意味するものともなり得る——これが決定打となった。

当初のデザイン画で「麦の穂」は、黒ベストの下にバジルが着る、白ブラウスの前身頃に金糸とビーズで刺繍されると

いう構想だった。つまり第3幕「祝祭のバジル」で衣裳替えして登場する際は、黒ベストを脱いだバジルの胸元には「金の麦畑」が立ち現れる、という趣向だったのである。しかしシルク素材のブラウスに金糸やビーズで刺繍を施すと、想定以上の重さや遠心力が発生することがわかったため、新たに別に「赤ベスト」が仕立てられたのである。そしてそのポケットに、あの2本の「麦の穂」が象徴的にあしらわれた。この麦の穂の形は、最初の「金の麦畑」のデザイン画から部分引用されたものである。

発想の転換から生まれた「黒」から「赤」ベストへの衣裳替えという趣向は、舞台上における「祝祭空間」の創造という点でも実に効果的であった。決して裕福でない青年バジルが、今という時を楽しみ自由闊達に踊る姿には、まさにホラティウスの言「この日を捕らえよ」（"Carpe diem"）の精神がみなぎっている。麦の穂は、その「生きる歓び」の形象そのものなのである。

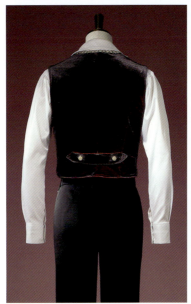

2度の試作を経て本番衣裳に刺繍された麦の穂は、Atelier
が望んだ以上の凛々しさと美しさが醸されていた。ビーズ刺
繍を得意とする設楽氏の面目躍如たる仕事ぶりは、今もって
見飽きることがない。赤・黒とも両ベストの背面に使用され
た金ボタンは、半世紀ほど前のアンティークである。

《ドン・キホーテ ガラ 2017：バジルの輝き》　Photos © Y.Kozuka

衣裳の秘密

〜 183 〜

オープニング&フィナーレ 衣裳コレクション

Atelier t.e.r.m

　Atelierは競技者時代のプログラムイメージに縛られることのないよう、アイスショーでのオープニング&フィナーレ衣裳にも様々な思いを込めてきた。このこだわりは町田自身のポリシーでもある。

　2016年春のPIWで公開したシースルーの黒衣裳Ⓐは、後にCaOI 2016の《Ave Maria by Chris Botti》でも着用した衣裳である。ただしPIWでは胸元に18Kネックレスを使用したが、《Ave Maria》ではマドンナブルーの照明に映えるようプラチナを取り合せた。Ⓐ衣裳で特徴的なのは、やはりロングブーツ風に見える足元であろう。実はこれはデザイナー・TAE ASHIDAのオリジナルアイテム「レザーパッツ」を着用し、スケート靴の中に装着することでシャープさを狙った。このアイテムは、Atelierが「海賊風」と呼ぶ衣裳Ⓒ（PIW2017）でも色違いのブラウンを使用しており、取り合せたアームカバーも同シリーズである。またⒸ衣裳ではシルバーグレーのシルクブラウスが美しいが、これは薔薇が地模様となっており生地はヴィンテージである。古典バレエ《海賊》をイメージしながらも、デニム風のボトムと合わせることで、スポーティで現代的な凛々しさを醸し出そうと工夫した。

　ただ１回限りであったが、CaOI 2016のフィナーレで着用した中原淳一画の「向日葵」TシャツのコーディネートⒷは、思いがけず大きな反響が寄せられた。詳細は町田自身が公式HPで明かしているが、マイケル・ジャクソン「Heal The World」（1991年）のPVから想起された「向日葵」は、生前のマイケルが"Love & Peace"を象徴とした花である。町田はそこに、2011年東日本大震災で多くの人々が祈りを込めた花としての「向日葵」という想いをさらに重ねた。羽織ったシースルーの黒ブラウスは「暗闇が辺りを覆ったとしても、天上に向かって凛とした佇まいを見せている向日葵」（町田HPより）を意図したものである。

　そして最後の出演となった2018年、PIW40周年の祝意を込めたオープニング衣裳Ⓓは、「フォーマルだけどロビンフッド風」というコンセプトである。シルク素材のレンガ色ボウタイブラウスに、サッカー生地のような風合いで重さが非常に軽い長めの黒ジャケットをベルトと組み合わせた。町田はプロ引退のその日まで、オープニングでの3Lzを決め続けたが、軸が細く鋭いジャンプの「決め」は、このように衣裳にも細心の注意を払い続けた努力にも支えられている。

Ⓐ Prince Ice World 2016 © Japan Sports

Ⓓ Prince Ice World 2018 © Japan Sports

Ⓒ Prince Ice World 2017 Photos © Japan Sports

オープニング＆フィナーレ衣裳コレクション

PART

III

舞台を支えた人々から

《継ぐ者》そして《そこに音楽がある限り》
今井 顕
ピアニスト

町田樹君から最初のメールをもらったのは2014年。私が演奏したシューベルトの《即興曲第3番》を自身のプログラムに使いたい、との内容だった。まず脳裏に浮かんだのは「これは正真正銘、本人からのメールなのだろうか」という疑問である。フィギュアスケーターとしての町田君の存在はさまざまな報道から知っていたが、スケート競技は私にとってまだ未知の世界であり、町田君はいわば宇宙人的存在だった。その町田君がどのようにして私の音源にたどりついたのか、当初は想像もつかなかったのだ。

それはともかく、そうした形で自分の演奏が使われる事に関し、私に何の異存もあるわけがない。ただひとつの心配は「どう編集されるのか」ということだった。

昨今のスケート競技はすべてが音楽に合わせて進行する。選手たちは限られた時間内にこなすべき課題をプログラムし、勝負をかけるのだ。競技だから、演技時間はきっちり厳格に定められている。この「スケーティングに合わせて音楽を構成し、ぴったり時間内に終わるように編集せざるを得ない」ところに、問題が存在する。音楽家の常識ではあり得ないつぎはぎが時間制限を優先するために行われてしまうと、音楽人としてはスケーターの演技に集中できなくなってしまうのだ。

というわけで、私がまず発した質問は「誰がどう編集するのか」ということだった。楽曲の長さはほぼ6分。座して聴いている分には小品だが、フィギュアスケートの演技としてはかなり長い。短縮するのであれば、第三者に勝手に切り貼りされるよりも、指定の時間に合わせて自分で編集し、場合によっては継ぎ目がわからないように編曲してから再録音しても良い、と思ったのだ。

「そのままで大丈夫です」というのが、町田君からの答えだった。全曲ノーカットで使用するとのこと。そしてその中でフィギュアスケートとして認定されている6種類のジャンプすべてを跳ぶ、という。スケーティングに関してまだまだ無知だった私には「これだけ長時間滑り続ける」ということ、そして「すべてのジャンプを跳ぶ」ということがいったいどういうことなのか、いまひとつきちんと理解できていなかったに違いない。しかし、彼の演技に触れる機会が増えるに従っ

て、その困難さも共有・共感できるようになっていった。

「単なるスポーツ競技としてではなく、芸術作品としてのスケーティングを完成させるのだ」という町田君の意欲と努力は、目標を見すえ、それに向かって着実に近づかんとする強靱な意志の力によって、その後大きな果実を結んでいくことになる。オペラ、クラシック・バレエ、オーケストラ、さらにはポピュラー系の作品も選択し、そこには常に「表現したいもの」への強烈なアピールとメッセージが投影されている。単に心地よい響きに合わせて滑るエキシビションではない、別世界だ。

私のシューベルトが使われた作品は《継ぐ者》というタイトルで披露され、2014年、町田君が競技生活から引退し、アーティスティック・スケーターとしての道を本格的に歩み始める最初の作品となった。

そして2018年10月6日、町田君のアーティスティック・スケーターとしての最後の作品となった《ダブル・ビル――そこに音楽がある限り》にて、彼はふたたび私の演奏を使用してくれた。使用作品は再度シューベルトの小品となり、《楽興の時第3番》を、ピアニストで作曲家でもあるレオポルド・ゴドフスキーがアレンジしたもの。「ダブル・ビル形式」ということでエルガー作曲の《愛の挨拶》という作品とセットにして披露された（エルガーの演奏は私ではない）。

町田君との邂逅がもたらしたもうひとつの幸せは、今が旬の現役スケーターたちの演技をアイスアリーナ、それもリングサイドで鑑賞できたことだ。テレビで見れば解説も聞けるし、リプレイもあるし、気楽に鑑賞できるが、目前で行われる生の演技は、まったく異なった緊張感で満たされている。「この一回」に賭け、多くの人が見つめる中、緊張感に押しつぶされんと戦いつつベストパフォーマンスをめざす――コンサートステージでのピアノ演奏も同じである。町田君はもとより、たくさんのスケーターたちの所作や集中するためのルーティーンを観察していると、「ああ、みんなそうなんだ」と納得することが多い。

競技者として、そしてアーティストとして、というふたつの大きな節目を経て大きく成長した町田樹君。これからのさらなる飛翔を、大きな期待とともに注目している。　　※

Akira IMAI
16歳で渡欧。19歳でウィーン国立音楽演劇大学を最優秀の成績で修了後、コンサートピアニストとして国際的に活躍。1981年ウィーン国立音大ピアノ専攻科における日本人初の講師として抜擢され、1995年にはオーストリア政府より名誉教授の終身称号を授与された。楽譜、書籍などの出版物も多数。

これからも共にバレエ愛を高めていこう
高岸直樹
元東京バレエ団 プリンシパル

　町田樹くんから私のレッスンを見学させてほしいという連絡が来たのは、彼が現役選手を引退して半年くらい経ったころです。それから週に1回、マンツーマンでバレエの個人レッスンをするようになりました。もちろん最初は自分のフィギュアスケートの演技に生かすためという理由があったのかもしれない。でも、本当にバレエが好きなんでしょうね。やがてスケートは止めてもバレエは止めないと言うようになりましたから。

　本当に一から始まったクラシック・バレエのレッスンでしたが、非常に上達していまでは見違えるほどです。彼はたぶんスタジオだけでなくどこでも練習している。電車のなかでもルルヴェで立ったりとか、デスクワークをしながらつま先をぐーっと伸ばしていたりとか。気持ちの強さがすごくあって、それが身体に現れてくるんです。1週間前にやったことは絶対マスターしてくる。1週間ごとにめきめき身体が変わっていったのは、本当に驚くくらいで私の想像を超えていましたね。動きのなかにしっかり肉体と精神を一体にするようなものがあって、感情を絶対におろそかにしない。そういうものが滲み出る踊りを自分で作っています。スケーターを引退した後はさらにうまくなっていますよ。より綺麗なアラベスクラインを出せるようになってきましたし、ルルヴェで立たせたらいつまでも立っていられる。アームスも綺麗なポジションに入れてくるし、本当にみんなに見せたいなというくらいにすごい。だから、時期が来たら舞台デビューしよう、いつか共演しようとは私も話しているんです。

　町田くんとのレッスンはとても楽しい。スケーターとして氷上に立っていたときは怪我をさせたらいけないからそんなに危ないパはできなかったけれど、いまはちょっと冒険もしています。彼はスペイン人のような熱い血を持っていて、『ドン・キホーテ』みたいな作品が好きだし、そういうものを踊ると顔の表情が完全に変わる。だから、ときどきはたんなるレッスンだけでなく『ドン・キホーテ』のソロを踊らせたりもしています。彼は足の指がとても強いんですよ。足の指だけで身体全体のバランスを取れるくらいの力の強さを持っている。床に吸い付くような足、ルドルフ・ヌレエフを思わせる足ですね。

　彼の氷上のパフォーマンスは毎回観に行きましたが、何か親のような気持ちでドキドキして手に汗握っていましたね。《ドン・キホーテ》や《白鳥の湖》のときも当日まで何をやるか、私にはいっさい言わないんですよ。会場に来てからのお楽しみということで、サプライズで見せたいということがあったんでしょうね。私がいちばん印象に残っているのは、やはり《ドン・キホーテ》かな。彼なりに3幕仕立てにしていて、ものすごくパッションを感じた。客席に座っていても一緒に踊らされているというか、私自身も血沸き肉躍るという感じでエキサイトしていました。彼の演技はもちろん表に出てくる部分もあるんだけれども、内側にすごくエネルギーを溜めているようなところがある。表に出さないのが美学と言えばいいのかな。バレエで言えばジョルジュ・ドンさんやジル・ロマンさんのように、内側に内側に入っていく"気"のようなものがすごく感じられる。だから深みがあるんです。

　彼はしっかりした考えを持った人だから、フィギュアスケーター引退も信念を持って将来を見据えての決断だと思います。だから、もっと見たかったという気持ちはもちろんあるけれど、やはり晴れやかに送り出したいという気持ちでした。町田くんは話も素晴らしいし深みも力もあるから、その気になったらスケート界も彼によってどんどんよりよく発展していくんじゃないかな。私もそれを願っています。もうひとつ私に言えるのは、これからも共にバレエ愛を高めていきましょうということかな。いまや私たちはどちらがレッスンを指導しているのかわからないくらいに、スタジオでお互いに競い合っていたりするんですよ。　　　　　✻

Naoki TAKAGISHI
京都府出身。1986年に東京バレエ団に入団。翌87年、21歳でベジャール振付《ザ・カブキ》の由良之助役に抜擢され、《ボレロ》《ドン・キホーテ》など、プリンシパルとして数々の作品に主演。東京バレエ団とともに世界各地で踊った。2015年、東京バレエ団を退団し、高岸直樹ダンスアトリエを設立。

アイスショーにとことん寄り添ってくれた
今村ねずみ
「THE CONVOY SHOW」主宰

ぼくがプリンスアイスワールド（PIW）で構成・演出を担当したのは、2014年から2018年までの5年間でしたが、偶然にも町田さんの現役最後の年からプロになって、スケーターそのものを引退するまでとちょうど重なっていた。人にそう言われるまで気づかなかったけれど、町田さんのプロとしてのキャリアと同時期にアイスショーの世界に関われたことは、ぼくにとってすごく光栄なことです。

ぼくがこの仕事を引き受けたとき、まずゲストスケーターとPIWチームとがうまく融合するショーにしたいと考えた。そういうぼくらのやろうとしているショー作りにいちばん歩み寄ってくれたのが町田さん。チームのメンバーのスケートに対する姿勢を普段からよく見ていたし、彼自身のナンバーもPIWが作り上げようとしている世界を汲み取ってくれていた気がして、直感的に自分たちと世界が通じていると感じられた。

それはたぶん、町田さんは、アイスショーはエンターテインメントの場なんだとわきまえている人だからだと思う。正直に言わせてもらうと、ゲストの方のなかには、競技であってもアイスショーであっても違いがなく、違う演目でも音楽が変わっただけだと感じられるような人もいる。だけど、町田さんはそれぞれの演目ごとの世界観を作り上げ、かつ、それがショーの全体的な流れのなかでどう存在するかを綿密に考えている。とことんショーに寄り添ってくれていました。

「J-Pops」をテーマにした2016年には、町田さんは《あなたに逢いたくて～ Missing You～》を選んだ。ショーのテーマにぴったり合っていたのは、たまたまだったのかわからないけれど、どちらにしても、松田聖子さんのあの名曲で、あんなふうに自分の世界として滑ってしまう底力には驚かされた。一見ミスマッチでも、それを成立させてしまう懐の大きさ。ぼくも思わず「ブラヴォー！」と叫びたくなった。最後の年の《ボレロ》は8分くらいで長かったけれど、彼のすごいところは、始まりと終わりがすごく明確で、どの演目にも起

承転結があり、ストーリーがあるところ。さらに、表現者として、自分のやってきたことを出し惜しみせず、とことん掘り下げていく。《ボレロ》では、最後に4方向にスクエアを組んでグルグル跳んだのは、すごく潔かった。自分を引いて俯瞰で見る意識がなければ、ああいう演技はできない。しかも、1本1本にかける熱量が他の人とは違う。ショーを見に来てくれた芝居やダンスの関係者たちもみな、「彼は違う」と言ってましたね。

ぼくは彼の演技を見るたびに、素直に「すごいね」と伝えていたけれど、それ以外はほとんど話したりする時間もなかったかな。町田さんはとてもシャイだし、無駄なことはまず言わない。でも、礼儀正しくて、挨拶はしっかりしてくれるし、スケーターをやめるときには手紙をくれて、その文章の見事さといい、達筆さといい、思わず自分が恥ずかしくなった。（笑）育ちのよさみたいなものはリンクの上の居ずまいのよさにも表れていて、とくに役者の世界でいう"出捌け"がきれい。プリンスだなと思っていつも見ていました。

スケーターを引退すると聞いたときは、結構ショックでした。まだまだ表現できるよって。でも、彼自身のなかで美学があるんじゃないですか。心残りは、彼にPIWで1度振付をしてほしかったこと。「この曲でこういうことをやりたいんだけど」って、同じ目線で同じ景色を見て、逆に彼がどういうところに連れていってくれるのか、一緒にセッションをしてみたかったな。

願わくは、町田さんのパフォーマンスをまた見たいという思いはあるけれども、将来どういうかたちでフィギュアスケートの世界に携わるのか楽しみ。彼が話した「フィギュアスケートをただのブームでなくて、文化に」というのはすごく大変なことだと思うけれど、彼には、実際に自分で曲を選んで、振付をして、氷上で表現してきたリアリティがある。研究者として、少し離れて改めてリンクの世界を見ることもできるだろうし、それはすごい強みになる。町田さんの世界は、これからますます広がっていく。期待しています。　　※

Nezumi IMAMURA
エンターテイナー、演出家。北海道出身。1986年にTHE CONVOY SHOWを立ち上げ、全作品の作・構成・演出を手がけ、自らも出演。多彩な要素を盛り込んだステージを創造し、観客を魅了。このほか、舞台の演出や出演も多数。2014年～2018年、日本のアイスショーの草分け「プリンスアイスワールド」で構成・演出を務めた。

約束は必ず 守る男
飯田廣文
元 株式会社 プリンスホテル
マーケティング部

町田くんに初めて「プリンスアイスワールド（PIW）」に出演してもらったのは、2007年に広島で公演を開催したときで、彼は高校2年生でした。地方の有望選手の掘り起こしの一環として出演してもらったところ、彼はとても一生懸命やってくれた。ショーに出られるという喜びで輝いていましたね。以来、現役中もずっと注目していました。羽生選手と激闘を繰り広げたオリンピック・シーズンの印象もまだ新しいうちに、あの劇的な引退発表。絶対にプロスケーターの第1歩をPIWで踏み出してほしいと思いました。エンターテインメントの世界では、話題性も大切な要素ですが、彼はそれを自分で作り出す力がある。自分の要望をはっきり私たちに伝えた上で、約束は必ず守る男です。PIWとの数年間、揺るぎない信頼関係がありました。

町田くんのスケートの魅力は、まずは歯切れのいいジャンプ、そして彼独自の表現力。ものづくりに対して真剣だから、妥協することはない。それを理解したスタッフの支えもあり、PIWのなかである意味で"治外法権"でした。周りを巻き込みながら、自由奔放に町田樹の世界を作る。それは町田くん自身の力があったからだと感じます。一方ではとても律儀で、私もよく彼の差し入れの木村屋のあんぱんをご馳走になりました。

彼は素直で純粋。変な計算をすることがありません。私は40年間PIWの制作・運営に携わり、たくさんのスケーターを見てきましたが、手を抜かずに最後まできちんとやることにかけては三本の指に入るほど。同時に、学業優先の姿勢を貫いていて、スポーツマネジメントやマーケティングについて真剣に学んでいる。八戸でのショーから大学のためにタクシーでとんぼ返りしたこともありました。その姿勢がスケートにもいいフィードバックを与えてきたのがわかります。今後のアイスショーがどう展開していくのか、研究を深めて、これからのPIWの企画や演出にもぜひ活かしてもらいたいし、一度彼の講義を聴きたいですね。　✻

ともに 支え合ってきた
岩崎伸一
株式会社 プリンスホテル
マーケティング部

町田樹さんはプロとなってからも毎年「プリンスアイスワールド（PIW）」に出演し、私たちと特別な結びつきを築いてきました。スケーターとしても、人間としても尊敬できる人ですし、PIWをすみずみまで理解し、チームメンバーに対して深いリスペクトを払ってくれていた。彼は私たちにとってかけがえのない存在でした。

町田樹版《ドン・キホーテ》の長さは10分間。そのほかの作品も、同じくらいの長さがあります。これは通常のゲスト2人分のボリューム。最初にそのアイディアを聞いたときはスタッフは半信半疑でしたが、その次の年からは、もうその長さを前提にして、演出家も「町田くんの演出に負けないようにしよう」と発奮材料にされていました。あれだけの長さの演目を、時間をかけて自分で演出して、なおかつしっかりとしたトレーニングを行い、横浜公演5日間10公演を演じ切るプロとしての姿勢は、チーム全体に感銘を与えるものでした。彼に対する敬意があったから、主催のプリンスホテルとしても彼に練習場所を提供してきた。お互いに尊敬し、価値をもたらし合う関係だったといえるでしょう。

町田さんはアスリートらしく、アイスショーに臨む準備にも手を抜くことが一切ありません。調子を整えてショーに臨み、リハーサルでもつねに全力。これは簡単にはできないことで、私たちには計り知れない努力があっただろうと思います。チームメンバーの演目にも目を配って、提案をしてくれることもありました。出演者というだけでなく、チームメンバー、音響、照明、制作まで、PIWというパッケージ全体に対して影響力のあるスケーターだったと思います。彼と支え合ってくることができたことは、主催者として誇らしいことでした。

引退後もPIWに関わりたいと言ってくれていて、具体的には決まっていませんが、ゆくゆくは制作や演出にと、夢はふくらみます。町田さん、今後もいいコラボレーションを創っていきましょう。　✻

Hirofumi IIDA
北海道出身。国土計画アイスホッケー部設立メンバーで、元法政大学アイスホッケー部監督。品川プリンスホテルにあったスケートセンターの支配人を務めていた1978年、日本初のアイスショー「プリンスアイスワールド」の設立に携わる。長年、ショーの企画・制作を担当し、フィギュアスケートの振興と普及に努めてきた。現在、GAKUONユニティ・フェイス執行役員を務める。

Shinichi IWASAKI
北海道出身。アイスホッケー日本代表として、長野オリンピックに出場。引退後はコクドでコーチ、監督を歴任。現在、株式会社プリンスホテルマーケティング部でプリンスアイスワールドの企画・制作を担当。

不世出のアーティスト
菊地広哉
IMG JAPAN 代表

　2014年末の引退後も暫くは、私自身、心の中に競技者町田樹の残像が強く残っておりましたが、Carnival on Ice 2015にプロスケーターとして出演していただくための事前ミーティングの際に、町田さんが自ら考えて提案してきた緻密な照明プランを拝見して、プロスケーターとしての意識の高さに大いに驚かされました。プロの照明チームと互角に議論を交わす知見の高さにも舌を巻いたものです。そんな、彼のプロの表現者としての真骨頂を見せてくれたのが、2017年の《白鳥の湖：ジークフリートとその運命》です。隣に座って観ていた国際スケート連盟のオフィシャルたちが、演技の途中から涙を流していたのが忘れられません。アスリートのパフォーマンスがアートの領域に昇華する場面に立ち会えたことは、一人のフィギュアスケートファンとして何ものにも代えがたい喜びです。不世出のアーティスト、町田樹に出会えたことに心から感謝をしています。　　　　　　※

町田樹へ
菅原正治
有限会社ジャパンスポーツ代表

　80年代前半からスケート競技を撮影している間に多くの友人に出会う事が出来た。この上ない幸せだと感じている。世界中のスケーター、コーチ、スケートファンなど実に多彩な人々との出会いだった。
　町田樹を意識したのは、そんな友人の言葉だったと思う。全日本ジュニア選手権に出場して間もない時期だったと記憶している。会場でスケートファンの友人から「町田君をしっかり撮ってね」と声を掛けられた。「ノービスの頃から彼を応援している。彼のスケーティングとジャンプはもっと伸びる」。僕にとって世界中の大会を観戦している彼女の言葉は神のお告げと言っても好い。彼女を含めて、コアなスケートファンが僕の写真を応援してくれていて、会場で話すようになっていた。彼女達が名前を挙げた各国スケーターの多くは後にトップスケーターと成長していった。町田樹もその一人だった。
　全日本ジュニア選手権で優勝して期待されていた彼が世界のトップスケーターにとんとん拍子で上り詰めた訳ではない。シニアに上がってからは、ショート、フリーと2本まとめる事が出来なかった。怪我なども有り苦労した事も多かったように思う。転機になるキーマンは何人かいたと思うが、そんな中で記憶に残っているシーンが有る。アイスショーの練習でステファン・ランビエルと練習を重ねていた。ステファンの滑りの跡を追いながら身のこなしを真似しながら柔らかい体の表現が増していった。以後につながる音楽と振付に対する町田ワールドの一つのきっかけになったように思える。
　2014年全日本選手権終了後、突然の引退発表には驚いたし残念で仕方なかった。今になって思えば、樹らしい決断だったと思える。引退後のプロスケーターとしての滑りは驚きの連続だった。松田聖子の楽曲を選んだ時に「何で松田聖子なんだよ」と本人に言ってしまった。「母の好きな曲なのです」。そんな会話の後に撮影しながら、鳥肌が立ったのを覚えている。樹に「ごめん。名プログラムだね」。彼は笑っているだけだった。
　新しいプログラムを滑る時に、彼の思いを込めたレポート用紙が来るようになっていた。楽曲の説明と振付に関して、思いを少しでも理解して撮影してほしいという願い。彼の思いに応えたいと、私を含めた撮影スタッフは練習から真剣勝負だった。一つのプログラムを披露する前に、音楽、照明の担当者が樹の納得するものにとの思いで深夜までリハーサルに付き合ったのは、彼の気持ちに動かされたからだと思う。

町田 樹へ
まだ、撮り足らないよ。　　　　　　※

Koya KIKUCHI
IMG JAPAN代表。広告代理店に入社し、1993年Jリーグ設立に携わる。外資系企業を経て、2004年よりIMGでスポーツビジネスに従事する。

Masaharu SUGAWARA
スポーツフォトグラファー。サッカーワールドカップ、米メジャーリーグ、オリンピックをはじめスポーツを幅広く取材。1983年よりフィギュアスケートの取材・撮影を開始。1985年から世界選手権を毎年撮影。有限会社ジャパンスポーツ代表取締役社長。

存在感に
圧倒された
和田八束
有限会社ジャパンスポーツ

　薄暗いリンクサイドを颯爽と歩いてくる人影がこちらへやって来る。町田樹だ。

　丁寧な挨拶とともにA4の紙が手渡され、目を落とすと眩むほどギッシリと黒い文字が躍っている。そこにはこれから演技する《ドン・キホーテ ガラ 2017：バジルの輝き》についての解説と作品への想いが理路整然と書かれている。2017年4月。プリンスアイスワールド初日開演前、これが初めて見た彼の姿であり、このシーズンからフィギュアスケートの撮影を本格的に始める私にとって、忘れられないシーンの始まりとなる。

　オーケストラのチューニング音で幕が開き、無音の氷上でビシッとルッツ。伸びやかに躍動する肉体が目の前を通り過ぎると、後を追うように冷気が頬を撫でる。その瞬間、朝方手渡された解説文と目の前の演技が脳内でシンクロする。カメラのシャッターボタンをレリーズしながら見えてくる真剣な眼差しに、こちらも表現の繊細さや優雅さ、そしてダイナミックさを撮り逃してはならないと気を引き締める。9本のジャンプを華麗に跳躍し3幕に及ぶ大作がフィナーレ。カメラのファインダー越しに町田樹の世界観に大いに触れると同時に、演技を通して放たれたその存在感に圧倒された。

　その昔、フォトグラファーの仕事は、人や物などの情景を切り取ること。つまり、被写体と繋がって想いを汲み取って、人の心に何かを感じさせるような出来事を写真に残せと先人に教わった。

　変幻自在に変わりゆくライティング、そして心地よい楽曲にあわせ、寸分狂わぬスケーティング。刻々と変わる表情。6分半に及ぶ綿密に組み立てられた作品を通し、どこを切り取り写真に残すべきかフォトグラファーに課せられた責務を改めて思い知った。　　　　　　　　　　　　　　　　❈

油断も
隙もない
伊場伸太郎
有限会社ジャパンスポーツ

　町田さんは「隙のない」スケーターである。何年かフィギュアスケートを撮ってきて素晴らしいスケーターは皆、良いシーンがふんだんにあったり、不測のタイミングで思わぬムーブメントがあったりと油断しようものなら次々と良いシーンを撮り逃してしまう。油断も隙もない。加えて町田さんが演出している照明までも被写体となるのだから、さらに隙がないのである。

　私が町田さんを撮影してきた中で特に思い出に残っているのは《ボレロ》である。PIW横浜公演のゲネプロ開始前、リンクサイドで町田さんと会った際「今回は照明にこだわっているので楽しみにしていてください」と伝えられた。幸運にも私は様々な撮影ポジションから何回も撮影することができ、その幻想的な照明と素晴らしいパフォーマンスを十分に堪能させてもらえた。撮影を重ねていくにつれ「スケートの魅力に取り憑かれた一人の男」と自分が重なっていく。刻々と変化し、見る角度によって全く違った表情を描き出す照明を活かして如何に良い写真を残せるか。そんな思いに駆られながら取り憑かれたように撮影していた。

　そのようなプログラムをまた撮影できることに心躍らせていた6月某日、町田さんのインタビュー撮影が始まって直ぐ、実演家の引退を告げられた。その場にいた皆が言葉を失い深い悲しみに包まれる中、私は何としてもより良い写真を残したいという思いを抱いた。そして、私にとってPIW東京公演撮影最終日（7月15日）の前夜、その日に撮った写真を見返していていると1枚の写真に目がとまった（本書94-95頁）。暗闇の中に浮かぶ鋭い眼光。それは未だ誰も歩んだことのない道をしっかりと先を見据えて進んでいく町田さんのようにも見えた。このシーンをもっと良い形にして残したいと思い、私は最後の撮影に臨んだ。

　フォトグラファーも「継ぐ者」である。被写体から何かを感じ、写真を通して他者へ伝える。

　私の写真が町田さんの創作活動の一助となれば幸いである。　　　　　　　　　　　　　　　　　　　　❈

Yazuka WADA
1997年よりフリーランスのフォトグラファーとしてツール・ド・フランスを長年追い続ける。その後、大相撲や陸上、サッカーなど活動の幅を広げたのち、2017年より有限会社ジャパンスポーツにてフィギュアの撮影を始める。

Shintaro IBA
静岡県浜松市出身。日本スポーツ写真協会所属。大学卒業後、STUDIO AQUA（広告写真）でアシスタントをしながら、JCII スポーツ写真家プロ育成セミナー水谷塾にてスポーツ写真を学ぶ。2015年、有限会社ジャパンスポーツに入社。

彼のなかに "町田樹" が2人いる

三瓶 純

テレビ東京　スポーツ局　スポーツ番組部プロデューサー

　町田樹さんはパフォーマーであり、演出家でもありました。その両方を彼くらい突き詰めたスケーターはなかなかいない。彼と接して一番感じたのは、その緻密さです。髪の先からつま先までの全身の動きは勿論ですが、衣裳や照明、中継のカメラアングル、スイッチングについても、彼ならではの強いこだわりがあり、意見交換する機会も多くありました。彼は、よく "氷上の哲学者" という言われ方をしましたが、むしろ研究者です。どういうふうに伝えたら、フィギュアスケートの魅力や面白さが伝わるかを、常に考えています。

　町田さんと一緒に仕事をするようになったのは、ソチ・オリンピック以降、とくにテレビ東京グループが中継していたプリンスアイスワールド（PIW）からです。彼は会場に入ると、まず客席に座り、いろんな角度から自分の演技がどう見えるかを頭の中でイメージし作品を作り上げていく。そうしてすごく計算し尽くし生み出した作品に、我々がテレビのカメラを通して、息を吹き込む。彼が思い描く完成形の作品にいかに近づけられるか、非常にやりがいのある取り組みでした。例えば、彼は客席に座ったときに観客からの見え方をチェックし、同時にカメラの位置も確認する。彼の頭の中では、すでにこういうふうに撮ってほしいというイメージが出来上がっているんです。それを中継車にいる我々に伝えに来てくれる。作品をアーカイブとしてしっかりと残したいという気持ちが強くあり、決して自己満足ではなく、ひとつの表現方法のあり方として追求していると感じました。

　また町田さんには解説者としても、平昌オリンピックやPIWでご活躍いただきました。その中でも特にアイスショーの解説は、非常に新鮮でした。ジャンプやスピンの種類などテクニック面だけではなくて、スケーターが使っている曲、その曲の背景まで紹介していくスタイルというのは、どの解説者もやっていない切り口です。私達もアイスショーの伝え方を新しく発見したというか、彼に助けられながら、テレビでのアイスショーの新しい見せ方がここ何年かで確立できたのかなと思います。ファンの方々の中で、町田さんの解説が話題になりましたが、実は、町田さんの解説用の資料はこちらでは用意しておりません。毎回毎回、町田さん自身が、提出するレポートのようにしっかりと準備してきます。収録本番中に、「さすが……」と思わせる内容をさらっと語る。番組を制作している私達にもわからないとっておきの話、毎回何が飛び出すかわからない「町田節」を楽しみにしているところもあります。

　また現役の選手に対しても、ある時は提言であったり、ある時は叱咤激励であったりと、そこにはやはり「愛」を感じます。きっと人柄なんでしょうね。

　ドキュメンタリーも撮らせていただいていますが、正直に言うともっとさらけ出してほしいんですよ。（笑）ありのままの「町田樹」をもっと見せたいのに、その壁を破っていくのはなかなか難しい。緻密な計算をして計画を立てそれを実行していくのが町田樹で、陰では物凄く努力しているんですが、その姿を見せるべきではないと考えているんですよね。自分が苦労したところを記録に残すのではなくて、あくまで作品を伝えていきたいという想いがはっきりしている。だから、ドキュメンタリーと言っても、アイスショーの前日ぐらいからしか密着できないわけです。実際、演出とパフォーマーを両方やるのは本当に大変だったと思います。たぶん彼のなかに町田樹が2人いるんです。たぶんもう1人の町田樹が「もっとやれ」と、背中を押しているんじゃないかと想像します。

　最後に「フィギュアスケートをブームではなく文化に」という名言を残しましたが、あれは競技者を引退したときからすでに抱いていた想いで、それをアイスショーを通し体現してきた。そして、学術研究者としてもうひとつステップを上がるために、スパッとスケーターをやめたんだと思います。寂しいな、もったいないなという思いはものすごくありますが、きっと今後何らかの形でフィギュアの現場に返してくれると思います。自分が氷上を離れることによって、また違うことを何か考えているのではないか。最終的にどこを目指しているのかはまだ明らかにされていませんが、フィギュアスケートはもちろん、スポーツ界にとってプラスになるような提案や改革を将来的にはやってくれるのではないでしょうか。町田さんが全体を演出するアイスショーがあっていいと思うし、そういう意味では今後がとても楽しみです。　　　　　※

Jun SANPE
1994年にテレビ東京に入社。1997年にスポーツ局に配属となり、主にオリンピック、FIFAワールドカップ、格闘技中継などを担当。2014年からフィギュアスケート中継プロデューサーとして、ジャパンオープンやプリンスアイスワールドなどを手掛けている。

町田ワールドに入り込んで
宮田 和
テレビ東京アート　照明部

　町田樹さん本人と打ち合わせをしながらの明かり作りを始めたのは、「ジャパンオープン」の《アヴェ・マリア》が最初でした。お願いしたいことがあるというので行ってみると、その段階から彼のなかではイメージが完全に固まっていて、最初から相談じゃなくて「こうしてほしい」というお願いでした。そこからしてびっくりしました。だいたい照明を気にするスケーター自体そんなにいません。最初や最後のところの決めの明かりや色味をオーダーしてくる方はいらっしゃいますが、町田さんのようにすべてタイムコードで何分何秒まで指定される方は皆無です。資料はパワーポイントで丁寧に作られていて、「何分何秒まではこのイメージ」というふうに写真や絵の画像が貼り付けられているんです。すべてが指定され決められていることでこちらのやりがいが薄れるかというと、自分はそうは感じないんですよ。ひとつの作品のなかに物語、構成、イメージがかっちりはまっているので、町田ワールドに入り込むと「やっぱりそうなんだ」と納得しながら作っていくことができるんです。

　照明デザインはある程度事前にプログラミングしていきます。町田さんの場合は完璧なオーダーシートがありますが、それでも実際に会場に行って明かりを出さないと作れません。氷の反射もありますから繊細な色味までは現場でないとコントロール不可能です。そこはどうしても現場で時間がかかってしまう。町田さんだけで5〜6時間くらいやっていたかな。町田さんからは「あそこは明度何パーセント」「もう零点何秒早く」というところまで細かく指示が来ます。客席の上のほうからライティングを見ての修正だけでなく、自分で滑りながらでも修正をかけてくるんです。スケーターは普通自分が滑りながらは明かりをそこまで見ていないと思うんですが、彼には見えているんですよ。それには驚かされます。ご本人がとくにこだわっていたのは、《アヴェ・マリア》や《人間の条件──マーラー・アダージェット》で使ったマドンナ・ブルー、それからアイボリー。ぼくのコンソールには"樹アイボリー"と書いてある。(笑)繊細微妙なアイボリーで、これは要所要所でベースに使われています。

　最後の作品《人間の条件》は、最初は本人が求める明かりのタイミングがなかなか掴めなくて、事前に練習のビデオをいただいて何度も見ながらタイミングを覚えました。そういうところも含めてかなりつらい作業ではありましたが、終わってみるとやりきった満足感だけが残っていて、疲労感はまったくなかったですね。たとえば、ハープの音のタイミングで差し出した両手に青い光を乗せてくれというリクエストがありました。ちゃんと音を聴いて自分でカウントを数えながら手動で操作するんですが、そこに狙いを定めておけば機械が故障しない限りは明かりは必ずそこに行くんです。問題は本人がちゃんとその場所に来てくれるかどうか。大きな輪だったら多少ズレても大丈夫ですが、本当に小さい光ですから。自分のオペレーションの心配よりも、町田さんを心配していました。「大丈夫かな。ちゃんと来てくれよ」なんて思いながら。(笑)あの作品のラストは、八方から青い光が差し込んで、最後に上からポンと落ちてくるんですが、あそこのタイミングはご本人がすごくこだわっていました。ジャンプのタイミングによっては時間尺通りに動きが追いつかない場合がありますから、それは町田さんが来るタイミングを見ながら自分が手で操作していくしかない。本番ではあの場面の直前のトリプルルッツで転んだんですよね。それで少しだけタイミングが遅れているんです。町田さん本人はタイミングに合わせるために必死でグッと急いで来て、そこをぼくのほうでもタイミングを合わせていく。あれは最後までオペレート的に気を抜けませんでした。ただ、いま思うとこのジャンプの失敗すらも作品の狙いだったような気がします。

　こうやって振り返ると、仕事として本当に面白くやらせていただいたなと感じます。だから、また一緒に何かやりたいという気持ちが強くありますね。ご本人はもう滑り足りたかもしれないけれど、自分的にはまだやり足りない。きっと今後振付や演出を手がけることがあると思うんです。スケート以外の舞台演出も含めて、自分は一緒にやってみたい。そのときに町田さんから選ばれるかどうかはわからないですけれど。(笑)　　　　　　※

Yawara MIYATA
1991年入社。入社して10年はドラマのチーフを目指し、業務の多くを各局のドラマ制作現場で過ごす。その後業務形態の変化から、ライブハウスオペレートやイベント照明現場などで演出照明を手掛けるようになり現在に至る。

驚くべき発想力
髙橋邦裕
株式会社 東京舞台照明

プリンスアイスワールド（PIW）でぼくが照明デザインを手がけるようになったのは2015年、町田樹さんが《継ぐ者》を発表した年でした。ぼくが担当したのは2018年まででしたが、毎回、演出の今村ねずみさんから「シネマ」とか「ROAD OF THE ICE」というテーマをいただいて、その意向に沿って照明プランの大筋を作っていき、細かい部分についてはお任せいただいていました。ただ、町田さんについては、ご本人からこういう照明にしてほしいと強い要望があったんです。ミュージシャンのコンサートなどで演者ご本人と話しあうのは珍しいことではないけれど、スケーターの方と直接打ち合わせするのは初めての経験でした。

打ち合わせのとき、町田さんはパワーポイントで作られたA4の冊子の資料を用意してくるんですよ。こんなふうにしたいというイメージを分数秒数で指定してくる。指一本でもこう見せたいという美学がある。いま思えば、最初のころ、リンクで町田さんから「この照明機材は何に使うんですか？」と質問された記憶があります。そうやって徐々に足慣らしをしながら、いろいろと学習されていたんじゃないでしょうか。小一時間程度だった打ち合わせの内容が、年々どんどん濃密なものになっていきましたから。

2018年の《ボレロ》の照明プランについては、PIWのプログラムをすべて作り終えたあと、夜中に4、5時間かけて町田さんと詳細まで決めていきました。事前の打ち合わせでいただいた資料をもとに作っておいたおおまかなプランを使って、色味や濃淡、明度や照度、当てるエリアなどのサイズ感を全部見て確認していただくのですが、町田さんから、「ここはもう1秒縮めてくれ」とか「もう2秒伸ばしてくれ」とか指示をいただくこともありました。驚いたのは、音をかけなくても、音と自分の動きが完璧に町田さんの頭のなかに入っていたことです。

そもそもリンクの上でご本人が滑って、明かりと合わせられる回数はほとんどありません。ぼくたちにしても、事前に音源と合わせてチェックはしますが、一発勝負のような感じでリハーサルをやって、そこで初めてここはこういう振りで

こうなるのかと全貌に驚かされる感じでした。

大作の《ボレロ》ももちろんすごいなと思ったんですが、じつはいちばん印象に残っているのは、2016年の松田聖子さんの《あなたに逢いたくて〜 Misssing You〜》です。とにかく町田さんの発想力がすごい。“あなた”がすごく遠いところにいるというニュアンスを、トップサスといって、本来だったら上から人に当てるべきライトを、誰もいないところに一個出して、そこに向かって町田さんが滑っていく。で、抱きつこうとした瞬間に、それがパッと消える。なんて面白いアイディアを考えつく人なんだろうって思いました。

フィギュアスケートの照明が普通のアーティストのライブなどと違うのは、まず、お客さんが四方にいること。360度どこからでも楽しんでいただける照明を作らなければならない。また、フィギュアスケートでは、競技会だったら、スケーターがどこからでもよく見えるようにリンクの隅々までとにかく明るくする必要があるんでしょうけれど、アイスショーではまったく違う。お客さまをプログラムの世界にのめりこませる照明作りが第一です。

たとえば、《ボレロ》の冒頭はピンスポットが1本しか当たっていないので、ある席からは町田さんの姿が見えるけれど、ある席からだと背中の影しか見えないということがありました。どうしたらいいか時間をかけて考えた末に、お客さまに見ていただくのは、町田さんの“作品”なのだから、影しか見えないほうから見ていただくのも《ボレロ》なのだと考えることにしました。演出だと解釈するのであれば、背中の影だけでもいいのかなって。ぼくらは、町田さんの作った世界にお客さまを引き入れる手助けを担っていたのだと思います。

町田さんとの仕事は大変ではあるけど、すごく楽しかった。このあと、彼はどこに向かっていくんでしょう。PIWにも関わりたいと話していたし、またなにか違ったかたちにはなるんでしょうけれど、いつか「また、この人は何を考えてきちゃったんだろうなー」っていう作品を一緒に作ってみたいです。 ❋

Kunihiro TAKAHASHI
株式会社 東京舞台照明の照明デザイナー。現在、ライティング事業部で照明デザイン、オペレーションを行う。2015〜2018年、プリンスアイスワールドの照明デザインを担当。

本当に作曲者思い。
矢野桂一
音響・音楽編集

町田くんから初めて音楽編集の依頼をいただいたのは2014年。私は旅先で、ちょうど石垣島から波照間島という日本最南端の島に渡る船に乗ろうとしていた瞬間、彼からのメールがぽんっと飛び込んできたんです。それまでは直接音楽編集に関する交流はなく、まさか町田くんから直接連絡がくるとは思ってもみませんでしたが、2010年の《Don't Stop me now》のころから彼の演技に魅かれていたので、二つ返事でお引き受けしました。

最初のお仕事は、現役最後のシーズンの《Je te veux》。さらにこの曲の演奏者が亡き羽田健太郎さんバージョンであることを知り、私は生前の羽田健太郎さんのコンサートで音響のお手伝いをさせていただいていた経緯もあり運命的な繋がりにとても驚き印象に残ったことを覚えています。そのことは町田くんにも伝えました。それ以降、ショーナンバーは最後までお手伝いさせていただきましたが、町田くんの選曲には、いつもなにか新たな気づきがありました。個性的な曲もあれば、みんなによく知られた曲もある。どれも改めて聴き返してみると、とても彼らしい曲で、知っている曲もとても新鮮に感じられました。

音楽編集といっても、スケーターの方々の音楽のこだわり方はさまざま。動き優先で細かく計算しながら音楽を作っていくパターンもありますし、音楽を主にして作っていくパターンもあります。町田くんの場合は、とにかく音楽が最優先。ぼくは長年音響の仕事をしていますが、フィギュアスケート以外の現場で、ミュージシャンから「フィギュアスケートの音楽って、もうちょっとどうにかならないの?」という声をよく聞いていたんです。もっと音楽的に編集したり、もう少しきれいな音にならないのか、と。私自身、そういう思いを持って、プログラムの音楽編集に携わるようになった経緯がありました。

その観点からすると、町田くんは本当に作曲者思い。その曲のもつ意味を大事にしています。自分のプログラムにするために、音楽を聴きこんで、それをどう自分が理解し、どう表現するのかを考え抜いています。だから、私も下手に曲をいじらないように心がけていました。

だから、町田くんのプログラムの音楽編集では、細かなニュアンスの修正が重要でした。たとえば、冒頭の小さい音をあくまで音楽を崩さずにホール全体に響くような感じにすると

か、間奏部分を楽器のソロ演奏のような音量感にするとか。《ボレロ》では、暗闇でフクロウが鳴いている雰囲気を出すために、一羽だけじゃなく何羽かの鳴き声を入れてみたり、遠くで鳴いていたり、わりと近くだったり……いろいろなパターンを作ってみたりもしました。いずれにしても、町田くん本人にこうしたいという明確な考えがあるので、彼との仕事はそんなに苦労はなかったですね。

入念に打ち合わせをして、プログラムの音源を作りますが、最終的に一番望ましいのは、それを流す本番の会場で実際に音量調整が担当できること。私は毎年、ジャパンオープンに音響スタッフとして入って、音量調整もしていたのですが、同日夜のアイスショー「カーニバル・オン・アイス」は海外クルーの担当でした。でも2018年だけは、「町田くんにとって今回が最後の滑りで、彼もこだわりがある。私に音量を触らせてくれないか」と直接海外スタッフに頼み込み、ぼく自身が音量調整を担当しました。

町田くんがマーラーの「アダージェット」で滑るとわかったときから、どきどきしていましたが、いざ本番でリンクに佇み、滑り始めるのを見たときは鳥肌が立ちました。9分半が長く感じられなかった。演技を見ながら、どうしても私自身入り込んでしまっていましたが、会場の歓声が大きくなると、音楽がかき消されないように自然と指が動いてボリュームを上げていました。スケーターとしての最後の演技だということもあって、過去のことが思い出されたり、ちょっと寂しい気持ちで、「ああ、もう少し見ていたいな」「ああ、終わっちゃう」「ああ、もう1回見たいな」……そんな思いが頭を駆け巡りました。とにかく、あんなにすごい演技を目の前で見られて、とても幸せでした。

「音楽編集で矢野さんの名前を出していいですか?」と町田くんに確認されたことがあります。彼の公式サイトをたどっていくとわかりますが、彼は1つ1つのプログラムを自分の作品として残すことを大事にしているんだと感じます。彼のスケーターとしての活動は、映像や写真など、アーカイブのようなかたちで残っていくと思うし、これからのセカンドステージでは、彼が経験したこと、学んだことが生きてくると思う。いままで誰も気づかなかったようなことをやろうとしているんだろうし、町田くんなら、また何かサプライズがあるんじゃないか、そう期待しています。

Keiichi YANO
福岡県出身。1975年より音響技術者として活躍。1985年世界選手権からフィギュアスケートの音響に携わる。現在は音響に加え、音楽編集・編曲なども行っている。

町田樹の言葉による革命
西岡孝洋
フジテレビ アナウンサー

意外に思われるかもしれないが、実況という仕事において最も大事なことは「話す」ことではない。アスリートの言葉を「聴く」ことだ。私が作成する実況資料の多くは彼らの言葉で占められている。アスリートがどんな努力を重ね、どんな思いで試合に臨むのか。それを「聴き」「伝える」ことが実況の仕事だと思う。そのために、手に入れられるすべてのアスリートのインタビュー記事に目を通す。それが実況者としての私のポリシーでもある。

町田樹とはどんなアスリートだったのか。もし私がそう聞かれたならば、こう答える。最もその言葉が聴きたくなるアスリートでした、と。

私が町田樹というスケーターを初めて認識したのは彼が初優勝した2006年の全日本ジュニアだった。その2年後の全日本ジュニアの表彰台やシニアに上がって2010年の四大陸選手権など、町田は幾度も印象に残る演技を見せてくれた。しかし、正直「才能はあるが五輪代表や世界選手権のメダルを獲るには至らない」グループの中にいるように私には思えていた。時代はバンクーバー五輪後、ソチ五輪前。髙橋大輔は脂の乗り切った時期であり、羽生結弦の才能には疑う余地がなかった。このグループに割って入るには、町田には何かが足りない。そんな漠然とした印象を私は抱いていた。

そして、2013年。町田樹による革命が起こる。それは、言葉による革命だった。

それまで町田は決して雄弁なタイプではなかった。理路整然と話すイメージはあったが、決して言葉が独特だったという印象はない。しかし、その前年からこのシーズンを境に、町田は変わった。

まずは言葉が変わった。

町田がショートプログラムに《エデンの東》、フリー《火の鳥》を選択したこのソチ五輪のシーズン。私は五輪代表選考会を兼ねた全日本選手権、翌年にはさいたま世界選手権の中継を控えていた。いつものように膨大に雑誌を買い込み、ひとつひとつのインタビュー記事をチェックしていく中で、町田樹の言葉は異彩を放っていた。

まず、彼は自分自身を3人の五輪代表枠争いの「第6の男」と端的に表現した。簡単なコメントのようでこれはできることではない。フィギュアスケートは他人と争う競技ではないという考え方もあるし、こういう序列を自らつけることを嫌う選手も多

い。しかし、自分の置かれた立場を明確にした上で、ここからの逆転への道筋を暗に示してみせたのだ。私は、実況資料に大きな文字で「第6の男、逆襲へ」というタイトルをつけた。

そして、プログラムへの理解を示す言葉も含蓄を含んだ深い言葉が並んでいた。私はまるで実況者を試すような言葉の数々を何とか自分なりに整理し、実況資料に書き込んでいった。その過程はまるで禅問答のよう。実際には目の前にいない町田と会話をするような、そんな気持ちにさせる作業を私は楽しんだ。

町田はまずは言葉を変えた。すると自信が変わった。演技が変わり、結果が変わる。言葉の持つ力を最大限に利用し、その魔力を自分のものにしてみせた。13年全日本で五輪代表に。そのハイライトは、有力選手の中で最初に登場したショートプログラム。芸術性とジャンプが完璧に融合したパフォーマンスで、一気に会場の景色を《エデンの東》の色に変えてみせた。五輪争いの緊張感と、ここにかけてきた選手たちの4年間が凝縮された演技に、私は、「これが今年の全日本だ」と実況した。

14年、ソチ五輪入賞。そして、世界選手権で町田は銀メダルを獲得。これだけのことがたった1年間で起きた。第6の男の鮮やかすぎる逆転劇だった。こんなアスリートを私は他には知らない。だから、これは町田樹による革命だった、と思う。そして、五輪代表や世界選手権メダルのための「足りない1ピース」を埋めたのは、他でもない、彼自身の言葉だったと私は思う。

その翌年の全日本で競技者としての町田樹は引退する。最後の演技となったフリー、《交響曲第九番》。私は20年弱の実況キャリアの中で初めて、4分30秒の町田の演技中、ひとことも言葉を発しなかった。町田が引退することを事前に知っていたわけではない。12月の全日本で第九を披露することへの町田の情熱を知り、たくさんの言葉を集め続け、「聴いた」結果、「伝える」言葉は不要と判断したからだ。言葉を大事にした町田へ、実況者としての最大の賛辞は、言葉を発しないことだった。

町田は今でも大きな影響を現役のスケーターたちに与えている。自分の言葉で語ること。夢を語ること。その夢を語る言葉が自分を導いてくれることがあること。町田くんのように。あの13年の全日本のように。町田の想いは、脈々と後輩へと受け継がれている。そう、町田樹の言葉による革命は、今も続いているのだ。❀

Takahiro NISHIOKA
フジテレビアナウンサー。1998年入局以来、数多くのスポーツ実況を担当。フィギュアスケートには、2004年世界選手権のリポート、2004年全日本選手権の実況から携わっている。選手の細かな情報まで網羅した実況がファンにも好評を得ている。

演技にどんな言葉を残すか
板垣龍佑
テレビ東京 アナウンサー

どの実況アナウンサーもぶつかる壁だと思うのですが、フィギュアスケートの実況で、演技と音楽を邪魔しないで一体何を話せばいいのか。極端に言えば音楽のコンサートに実況をつけるようなものですから、最初の曲振りだけして「あとはどうぞ音楽を聴いてください」でもいいのに、そこにあえて言葉を残すとしたら何なのだろうかと、みな自問自答すると思うんです。ただ、町田樹さんの作品にはこだわりや想いが詰まっていますから、彼が何を考えて作っているのかが少しでも視聴者に伝われば作品としても広がりが出てくると思いながら、ジャンプを跳ぶ前や後などにどんな言葉を残すか、考え続けてきました。

私は2014年のプリンスアイスワールド（PIW）での《Je te veux》を取材させて頂いたのが最初です。翌年の《継ぐ者》は、現役を引退して学生だからインタビュー取材には一切応じないと表明していた時期でしたから、プログラムを実況するにもご本人に取材して情報を得ることができないわけです。演技中に何も話さないでいるわけにはいかないし、かといってホームページのライナーノーツをそのまま読み上げてもしようがない。演技やリハーサルを見て突き詰めたのは、どのパートで、どんな情報や言葉を置けば、演技の素晴らしさも、彼の思いも十分に伝えられるかということでした。そうしたら、後にテレビ東京のスタッフのところに町田さんが直接やってきて、「この前の《継ぐ者》の実況解説のタイミングは本当に感謝しています。板垣さんに素晴らしかったですとお伝えください」と言ってくださったんです。スケーター本人がそこまで自分の実況を見て御礼まで言いに来てくださるのですから、なおさら気を抜けない。新作のたびに「何か伝えたいことはありますか？」と聞きに行くと、「板垣さんを信頼していますから。ホームページに書いてある通りですし、また板垣さんなりに噛み砕いて伝えていただければ大丈夫です」といつも言ってくださるんですが、うまいですよね。（笑）「信頼しています」と言われたらこちらとしても嬉しいですし、もっと頑張らなければという気持ちになります。

やがて町田さんが放送の解説を担当されることになって、「カーニバル・オン・アイス2017」の完全版で初めてタッグを組ませて頂きました。初めは「どう来るんだろう？」と緊張

しましたよ。一番最初の演技が村上佳菜子さんで、町田さんが「紺色のジョーゼット生地」の話を始めたのは衝撃でした。いままでの"これぞ解説"という語り口からいきなりはみ出てきた。フィギュアスケートにはこういう楽しみ方があるんだって、様々な見方を教えてくれたのが町田さんだったんです。衣裳や音楽のチョイスにしても、そこにスケーターのどんなこだわりがあるのか。ザギトワの《白鳥の湖》でも、冒頭はアカデミー賞を受賞した映画「ムーンライト」の一節を使っているんですが、そんなことには誰も気づかない。でも、町田さんは解説できちんと指摘してくださる。そうすると、編曲の仕方や使用楽器の選択にまで意識が向かうようになります。いろんな広がりに気づかせてもらって、本当に楽しく仕事をさせてもらいました。そのうちに自分も知識欲が湧いてきて色々調べたくなってくるんです。過去のナンバーを遡ってみたり、同じ振付師のナンバーを比較してみたり。やがてフィギュアスケートが芸術としていかに深みがあるかがわかってくる。町田さんには本当に感謝しています。

最近は町田さんも解説に遊びが入るようになってきました。田中刑事さんの《Pump it》が映画「TAXI」の曲を使って犯人が逃げるという設定だと話したら、町田さんが「じゃあ、なおさら転倒することができませんね、捕まってしまいますから」とさらっと言ったり。（笑）そういうことが許されるナンバーでは純粋に演技を楽しみつつ、いろんな人にも楽しんでもらえるように彼なりにとても考えているんだと思います。

町田さんとの実況は毎回が勝負です。私も町田さんだったらどこに触れるかなと考えながら演技を見ています。今後もできる限り長く一緒にタッグを組んで、フィギュアスケートを幅広い人に楽しんでもらえるような解説と実況を追究していきたいと思います。町田さんは研究者として活動されていて、フィギュアスケートを文化にしたいという想いが根底にずっとある。おそらくフィギュアスケートの価値を彼なりの方法でもっと高めていこうと努めているのでしょう。私も全力で応援していますし、何か少しでも力添えができたらと願っています。

❉

Ryusuke ITAGAKI
テレビ東京アナウンサー。神奈川県出身。フィギュアスケートをはじめ、ゴルフ、競輪、ホッケーなど、さまざまなスポーツ実況を務める。平昌オリンピックでは、エキシビションの実況を担当。

固い意志と柔軟な思考と貪欲さ
田山裕士
株式会社 小杉スケート

樹（町田樹）がうち（小杉スケート）にくるようになったのは、彼が関西大学に入学してからです。最初は研磨の依頼からはじまって、徐々に靴のセッティングも僕が担当するようになりました。より親密に関わるようになったのは、臨海（大阪府高石市）のスケートリンクの大西勝敬先生のところに移ってからですね。というのも、うちのショップが臨海のリンクにあって、ぼくも週に2、3回はそのショップに顔を出していたんですけど、そのリンクに所属していた大西先生には昔からお世話になっていましてね。樹に関わらず、大西先生のところの選手のスケートの様子がおかしいと、大西先生が、「ちょっと滑りが変やねんけど、どう思う？」って選手を連れてきてくれるんです。なので、大西先生のところに移った樹の事も、「ちょっとトウループが変やねんけど、どう思う？」って言いながら連れてきてくれるんです。ジャンプは空中姿勢がとても大事なので、エッジの位置がずれたら、軸がブレたりする。滑っているところとか立っているところとか見せてもらって、「なんでやろなぁ」とみんなで考えて、その場その場でエッジの位置を調整していくんですけど、これをきっかけに樹とは親密になりました。

スケーターにとって、スケート靴は唯一の道具です。そしてスケート靴のブレードの研磨が重要やと思われがちですけど、それよりも、ブレードを靴に取り付けるマウンティングが一番重要やと思います。要はバランスですね。スケート靴には個体差があって、当然それを履く人にも個体差がある。個体差がある靴と、個体差がある人と、ブレード、この3つを積み上げて、バランスをとらないといけない。全く同じ位置、全く同じ角度で取り付けたとしても個体差があるもの同士を組み合わせるわけだから、数字で割り切れるわけがなく、全く同じ仕上がりには絶対にならないんです。せやから、僕が心がけているのは、「氷の上でちゃんと立たす」こと。言い方が軽いかもしれないけど、それに尽きますね。

ちなみに樹は、靴に関しては良い意味で神経質ではなかったですね。ぼくのことを信頼してくれてて、「ロバさんがそれでいいと言うなら、これでいきます」っていう感じでしたね。

誰もがソチオリンピックを目指していたシーズン、樹は前シーズンの全日本選手権の成績が振るわなくて、そのシーズンはブロック大会から始まり、立て続けに試合に出ていました。彼の頑張りが実り、グランプリファイナルまで勝ち進んだのはええけども、グランプリファイナルと全日本の日程は近いから、ファイナルに出る子って靴を替えるタイミングがないんですよ。でも、樹の右足は靴も足も限界にきていて、ボロボロやったから、4回転トウループが全く跳べへん状況でした。

それで、大西先生と樹と僕と3人で、「もう、あかん。ダメ元やけど、いっぺんやってみよか」って言うて、全日本選手権の5日前かな、右足だけ靴を替えたんです。普通は靴を替えたその週に試合に出るなんてありえへん。しかも全日本。でも靴を替えたら、樹のジャンプの軸が戻ってきた。多分あのとき靴を替えてなかったら、全日本選手権で4回転トウループを跳べていないと思います。跳べていない＝オリンピックには行けていないと思うから、あれは究極の選択やったけど正解やったな。そのときの全日本選手権は、下馬評では樹は4、5番手ぐらいやったんちゃうかな。樹が2位になったのはやっぱりうれしかった。

樹が成功した理由は、本人の努力じゃないですか。礼儀正しい好青年やけど、意志はものすごく固い。でも、スケートの靴やスケートの技術に関しては頑固ではなく、柔軟なところがすごくあったと思う。大西先生のところで、地道にコンパルソリーとかいろいろさせられていたけど、教えられたことを全部吸収しようという貪欲なところがあった。靴のことも、「これは嫌、それはダメ」とか言わず、僕の言うことを信じて、いろいろ受け入れて試してくれた。

オリンピックにまで出られるような選手っていうのは、スケート靴のメンテナンスで関わっていくなかで、言葉ではなく彼らの態度や姿勢、意志から、いろんなことを教わりますね。フィギュアスケートも日々進化しているなかで、4回転を跳ぶには、こんなに細かいところまで突き詰めていかなければならないのかと勉強させてもらいました。樹が今後、どういう方向を向いて進んでいくのかはわからへんけど、研究者になるとしても、樹のことだからその道を深く掘り進んでいくんでしょうね。

臨海の後輩の、友野（一希）や（須本）光希が育ったのは、樹のおかげちゃうかなと思ってます。同じスケートリンクで目の前にええ手本がおったら、やっぱり真似しますからね。彼らは樹が真剣に練習と向きあっている姿を見ているし、町田イズムはあの子たちの中に生きてるやろな。

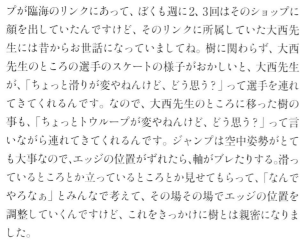

Hiroshi TAYAMA
スケート用品専門店「小杉スケート」で、エッジ研磨、ブレードの取付・修理などスケート靴全般のメンテナンスを手がけるスペシャリスト。本格的なスケート経験はないが、大阪府スケート連盟会長の祖父、スケート用品店を経営していた父の影響で現職に。「ロバさん」の愛称で多くのスケーターに慕われている。

共存する「剛と柔」
大前武人
株式会社 小杉スケート

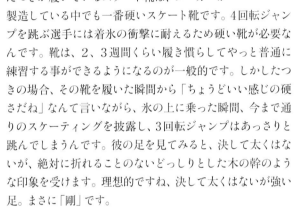

たつきの魅力は、あの小さい体から繰り出される、ダイナミックなジャンプとエッジワークにステップ。かと思いきや、繊細な踊りに、しなやかな身のこなし。あの体の中に共存する「剛と柔」が何よりも彼の魅力です。たつきのスケート靴を調整する時にもそれを感じますね。たつきが履いているスケート靴は、メーカーが製造している中でも一番硬いスケート靴です。4回転ジャンプを跳ぶ選手には着氷の衝撃に耐えるため硬い靴が必要なんです。靴は、2、3週間くらい履き慣らしてやっと普通に練習する事ができるようになるのが一般的です。しかしたつきの場合、その靴を履いた瞬間から「ちょうどいい感じの硬さだね」なんて言いながら、氷の上に乗った瞬間、今まで通りのスケーティングを披露し、3回転ジャンプはあっさりと跳んでしまうんです。彼の足を見てみると、決して太くはないが、絶対に折れることのないどっしりとした木の幹のような印象を受けます。理想的ですね、決して太くはないが強い足。まさに「剛」です。

また、ある時は、「たけー、白い靴の発注をお願い」って言ってくるので、「おっ、また面白そうな事を企んでるな」なんて思いながらワクワクして依頼を受けるのですが、「今回は白い靴でショーに出るん?」って聞くと「そうだよー、でも黒い靴でも滑らなきゃいけないから、同時に履いていくけどね」って言うんです。一瞬絶句しましたね。

というのも、スケート靴は、滑りやすい状態にするために、ブレードの位置を0.5～1mm単位で前後左右に調整したり、スケート靴とブレードの間にたった1枚のテープを噛ませて角度を調整したりと、試行錯誤をして滑りやすい状態を探る、すごく繊細な道具なんです。また、そうやって調整したスケート靴を徹底的に足、身体、脳に馴染ませて、その1足のスケート靴のみで1シーズンを乗り切るのが一般的なんですね。そのため、全く同じスケート靴2足を全く同じように調整して用意したとしても、そもそも人の手が加わっている時点で厳密に言えば全く同じ状態にはなっておらず、また馴染み具合も異なるため、実際にその2足を履き比べてみると、全く異なる他人のスケート靴を履いているような感覚になるんです。

たつきのように同時期に2足の靴を並行して履く事は、まさに困難を極めます。

皆さまはもうすでにお分かりかと思いますが、たつきは《白鳥の湖》で白い靴を履き、見事に演じ切りました。彼のバランス感覚の柔軟さには脱帽ですね。まさに「柔」です。

難しい事をやってのけ、その難しさを感じさせない事は、アートにとってすごく大事なことだと思います。たとえば、4回転だけについ注目してしまうようなアートはアートでなく、難しい技術を使い作品全体が昇華してより輝いて見えるアートがまさにアートで、彼の演技には、選手時代の時から一貫してそんな素晴らしさがあります。

しかし、たつきの作品は、たつきらしさが出ていて非常に面白い。《ドン・キホーテ》のプログラムは3幕構成の演出が話題ですが、何より彼らしさが出ていたのが、第1幕が始まる直前に、オーケストラの一団が音合わせをしている音源を使い、たつきがさらっと登場し、さらっとトリプルルッツを跳んで、そこからスタート位置に立つ。全身から鳥肌が立ちましたね。トリプルルッツって難しい技ですよ。当然失敗するリスクだって無くはないんです。それをあえてあそこで使う、その遊び心は本当にたつきらしくて大好きですね。

そして《人間の条件》は、演技やショーという枠組みを超えて芸術でした。僕は芸術なんてわからないですし、偉そうに語る立場の人間でもありません。でも芸術っていうのは、その作品を見た側、受け取った側の人間が、それを作った人間の意図や解釈を、ああでもない、こうでもないっていろいろ考えたり語り合ったりするじゃないですか。「あの照明はこういうメッセージがあるんじゃないか」とか、「あの振付はあれを表現したかったんじゃない?」とか。引退してもなお、そういう楽しみを残してくれるたつきは、やっぱり面白いなって思います。

僕の大好きなたつきは、哲学者であり少年でもあるたつきです。その飽くなき探求心をいつまでも失う事なく、羽ばたき続け、また僕達を驚かせるような全身から鳥肌が立つようなメッセージ(言葉という意味だけではなく、試みや行動といった広い意味合いのもの)を楽しみにしています。 ✳

Taketo OHMAE
株式会社小杉スケート東伏見店・神宮店・横浜店でスケート靴のスペシャリストとして活躍。町田樹が大学1～2年生のころ、同じリンク、同じコーチの下で練習に励んでいた、互いを「たつき」「たけ」と呼び合う仲間。じつは「カーニバル・オン・アイス2018」が初めて生で見たアイスショーだった。

すべては最高の作品を作るために
前波卓也
コンディショニングトレーナー

「先生、ちょっと身体を見てもらいたいんですけど、また改めてお願いできますか」

選手を引退して大学院生になった町田樹さんから、プロスケーターの活動をはじめる際に久しぶりに連絡をいただきました。そもそもぼくと町田さんの初対面は、ぼくがフィジカルトレーニングを担当した日本スケート連盟のジュニア強化合宿でした。「ぼくを見て！」とさかんにアピールしたがる選手たちのなかで、町田さんは控えめな印象。今もそうですけれど、彼は、闘志はもっているんだけれど、表に出さないタイプです。2009年、彼が出場したハルビンの冬季ユニバーシアードにぼくが日本チームのトレーナーとして帯同したことがきっかけで、その後、当時彼が所属していた大阪守口のリンクのチームサポートというかたちで、1年半ほどトレーニングさせてもらっていました。その間にバンクーバー・オリンピック日本代表の補欠になるとは想定していませんでしたが、彼はいずれオリンピックに出るだろう、それはいつだろうかと考えながらトレーニングしていました。

町田さんは自分の感性を大事にしていて、自分の世界観を構築していくのが好き。自分でなんでもしたいタイプです。でも、「ぼくにはできないことがあるので、それをお願いします！」というのが、彼のいろんな人との関わりあい方。ぼくもまさにそのかたちです。あのときのリクエストも、アイスショーで最高のパフォーマンスを観客のみなさんに届けるために、自分に必要なタイミングでコンディショニングをお願いしたいというものでした。いいものができたときのハッピーな感覚を一緒に共有するのがぼくらの喜びです。

2015年からプリンスアイスワールドの横浜公演や東京公演のときには、連日会場に通って、バックヤードにベッドを持ち込んで、コンディショニングに使わせてもらいました。引退すると体力が落ちるとか言われますが、彼の場合あまりそれは感じませんでした。競技者ならシーズンに4、5戦戦っていかなきゃいけないので、ピーキングを短期間で繰り返しますが、プロはそのショーに集中します。1日複数公演をこなすので調整法が異なります。継続力よりも調整力。最初から彼は足し算がうまいというか、取り組みに無駄がなかった。賢さが身体にも出ているように感じました。

2018年10月6日、町田さんの氷上のパフォーマーとしての最後の日。ぼくはさいたまスーパーアリーナのリンク裏にいました。最後のスピーチのなかで、町田さんがトレーナーという表現をしてくれたことに感謝しています。裏方さんありがとう、ではなく、照明さん、テレビ局さん、トレーナーさん……と1つ1つ挙げてくれて、トレーナーという職業を評価してくれたことに感動を覚えました。そして、「フィギュアスケートをブームではなく、文化に」という言葉を聞きながら、「本当にそのとおりだ」と思っていました。仕事柄いろんなスポーツに関わっているので、余計にそう感じるのですが、たとえばオリンピックでブームとなって一時期盛り上がっても、大会が終われば関心が離れてしまいかねない。野球やサッカーのような根強い人気スポーツは、マイナースポーツに比べて相当な努力をしてきた。やっぱりフィギュアスケートももっと身近なスポーツになっていかないといけないのだと思います。

テレビのドキュメンタリー番組の取材で、最後の演技の感想を聞かれたんですが、なぜか最後だという実感がありませんでした。きっと終わらないと思っているんでしょうね。番組の絵柄としては、泣いたほうがよかったんだろうけれど。（笑）彼はまだ進むじゃないですか。氷の上で演技することはおそらくないかもしれませんが、何らかのかたちではあるかもしれないと思っています。

今後、町田さんがどんな面白いことをやってくれるのかワクワクしています。学術においては、確固たる道を進んでいるけど、やっぱり彼は人を楽しませることが好きなんだと思うんですよね。たぶん前例のないものを作っていくんだと思う。だから応援したくなる。でも、「がんばってね」とは言いません。彼はいつもがんばっていますから。 ✳

Takuya MAENAMI
コンディショニングトレーナー。学生時代に負った自身の怪我をきっかけにトレーナーの道へ。以後、プロアスリートの専属トレーナーや複数のチームトレーナーを歴任、フィギュアスケート日本代表トレーナーも務めた。自身が主宰する「v-conditioning studio」では、ケアとトレーニングの両面から障害予防・障害治療を総合的にサポートしている。

PART
IV

フィギュアスケートと
アーカイブの意味

フィギュア・ノーテーション

町田 樹

「フィギュアスケート」（= figure skating）の語源は、かつてこの競技が氷の上に図形を描く身体運動からはじまったことに由来する。ここでは《ボレロ：起源と魔力》を踊る男が、湖面に描いたスケートのトレースを紙上に復元し、それをフィギュアスケートの舞踊譜として展開していく。また同時に、作品を構成する全てのエッジワークを分解して一覧化した。このトレースとエッジワークの一覧は、いわば作品の設計図と部品であると言え、演技の映像資料と相互補完的に利用すれば、後世の第三者による同作品の完全再現が可能となるのである。今回、これら二つの資料によって構成されたフィギュアスケート版の舞踊譜を、新たに「フィギュア・ノーテーション」として提唱したい。

そして何よりも、エッジが氷に刻み込むフィギュアの美をご覧いただければ、古の時代から人々を惹きつけてやまない、「滑って踊る」身体の根源的な魔力を感じることができるだろう。

All Moves of *Boléro: origine et magie*

Part I 00'00"-00'38"

Part	Moves	From	To	Foot	Direction	Edge	Turn / Step / Jump
						The beginning	
I	1	00'00"	00'10"			Motion	
	2	00'10"	00'22"				
	3	00'22"	00'30"	Left	Forward	Outside	Bracket
	4	00'30"	00'38"	Right	Backward	Inside	Bracket

※ "Motion" means a string of moves which is impossible to describe by the terminology for figure skating.
"Motion" は、フィギュアスケート用語で説明することができない一連の動きを意味する。

Part II   00'38"–01'06"

Part	Moves	From	To	Foot	Direction	Edge	Turn / Step / Jump
						Motion	
	5	00'38"	00'44"	Left	Forward	Outside	Change edge
	6	00'44"	00'49"	Left	Forward	Inside	Cross behind
	7	00'49"	00'54"	Right	Forward	Outside	Change edge
	8	00'54"	00'54"	Right	Forward	Inside	Cross behind
	9	00'54"	00'55"	Left	Forward	Inside	Mohawk
II	10	00'55"	00'59"	Left	Forward	Inside	Change edge
	11	00'59"	00'59"	Left	Forward	Inside	Change edge
	12	00'59"	01'06"	Right	Forward	Outside	Crossover
	13	01'06"		Right	Forward	Inside	Change edge

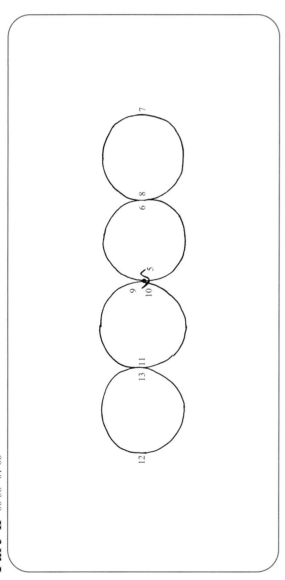

Part III   01'06"–01'53"

Part	Moves	From	To	Foot	Direction	Edge	Turn / Step / Jump
						Motion	
	14	01'06"	01'11"	Right	Forward	Inside	Bracket
	15	01'11"	01'14"	Right	Backward	Outside	Hop
	16	01'14"	01'15"	Left	Backward	Outside	Twizzle
	17	01'15"	01'17"	Right	Backward	Outside	Besti squat
	18	01'17"	01'19"	Left	Forward	Flat	Loop turn
	19	01'19"	01'20"	Left	Forward	Outside	3 turn
	20	01'20"	01'21"	Right	Backward	Inside	Twizzle
	21	01'21"	01'23"	Left	Forward	Outside	Bracket
	22	01'23"	01'25"	Right	Forward	Inside	Pivot
	23	01'25"	01'26"	Right	Backward	Outside	Arabesque
	24	01'26"	01'28"	Right	Forward	Outside	Bracket
	25	01'28"	01'31"	Left	Forward	Flat	Hop
III	26	01'31"	01'36"	Left	Forward	Inside	Twizzle
	27	01'36"	01'37"	Left	Backward	Outside	Besti squat
	28	01'37"	01'38"	Right	Backward	Outside	Loop turn
	29	01'38"	01'40"	Right	Forward	Flat	3 turn
	30	01'40"	01'42"	Right	Forward	Outside	Twizzle
	31	01'42"	01'42"	Left	Backward	Inside	Bracket
	32	01'42"	01'45"	Left	Forward	Outside	Pivot
	33	01'45"	01'46"	Left	Forward	Inside	Arabesque
	34	01'46"	01'47"	Left	Backward	Outside	Bracket
	35	01'47"	01'50"	Left	Forward	Inside	Pivot
	36	01'50"	01'53"	Right	Forward	Flat	Arabesque

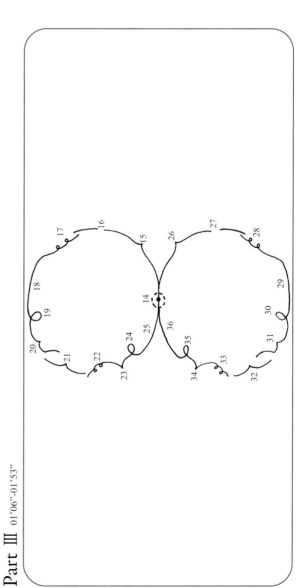

Part	Moves	From	To	Foot	Direction	Edge	Turn / Step / Jump
IV	37	01'53"	01'54"	Right	Forward	Inside	Bracket
	38	01'54"	01'54"	Right	Backward	Outside	Bracket
	39	01'54"	01'55"	Right	Forward	Inside	Bracket
	40	01'55"	01'56"	Right	Backward	Outside	Bracket
	41	01'56"	01'57"	Right	Forward	Inside	Bracket
	42	01'57"	01'58"	Right	Backward	Outside	Bracket
	43	01'58"	01'59"	Right	Forward	Outside	3 turn
	44	01'59"	02'01"	Left	Backward	Outside	Counter
	45	02'01"	02'02"	Left	Forward	Outside	Choctaw
	46	02'02"	02'02"	Right	Backward	Inside	3 turn
	47	02'02"	02'05"	Right	Forward	Inside	Counter
	48	02'03"	02'05"	Right	Backward	Inside	3 turn
	49	02'05"	02'06"	Right	Forward	Inside	Loop turn
	50	02'06"	02'08"	Right	Backward	Inside	Rocker
	51	02'08"	02'09"	Right	Forward	Inside	Rocker
	52	02'09"	02'11"	Right	Forward	Inside	Toe Step
	53	02'11"	02'12"	Right	Forward	Inside	Twizzle
	54	02'12"	02'14"	Left	Backward	Inside	Crossover
	55	02'14"	02'14"	Left	Backward	Inside	Crossover
	56	02'16"	02'18"	Left	Forward	Inside	Ina Bauer
	57	02'18"	02'18"	Right	Backward	Outside	3 turn
	58	02'18"	02'18"	Right	Forward	Outside	3 turn
	59	02'20"	02'22"	Right	Forward	Outside	Counter
	60	02'22"	02'23"	Right	Backward	Outside	Rocker
	61	02'23"	02'24"	Left	Backward	Outside	Rocker
	62	02'24"	02'24"	Left	Backward	Outside	Rocker
	63	02'25"	02'26"	Left	Forward	Outside	Choctaw
	64	02'25"	02'26"	Left	Forward	Inside	3 turn
	65	02'26"	02'27"	Left	Forward	Inside	3 turn
	66	02'29"	02'32"	Left	Backward	Inside	Toe Step
	67	02'32"	02'33"	Right	Backward	Inside	3 turn
	68	02'33"	02'35"	Right	Forward	Outside	Arabesque
	69	02'35"	02'37"	Right	Backward	Inside	Spread eagle
	70	02'37"	02'37"	Right	Backward	Inside	3 turn
	71	02'37"	02'42"	Right	Forward	Outside	Spiral
V	72	02'42"	02'47"	Left	Forward	Motion	Arabesque
	73	02'47"	02'49"	Left	Forward	Flat	
	74	02'49"	02'53"			Motion	
	75	02'53"	02'54"		Forward		Stop
	76	02'54"	02'56"	Both	Forward	Inside	Swizzle
	77	02'56"	02'58"	Both	Forward	Inside	Swizzle
	78	02'58"	02'59"	Right	Forward	Inside	Bracket
	79	02'59"	03'01"	Left	Forward	Outside	Twizzle
	80	03'01"	03'03"	Left	Forward	Outside	Crossover
	81	03'03"	03'05"	Right	Forward	Inside	Rocker
	82	03'05"	03'06"	Left	Backward	Outside	Rocker
	83	03'06"	03'06"	Left	Forward	Outside	Ina Bauer
	84	03'06"	03'07"	Left	Forward	Outside	Mohawk
	85	03'07"	03'08"	Left	Forward	Outside	Twizzle
	86	03'08"	03'08"	Right	Forward	Outside	Cross roll
	87	03'08"	03'10"	Left	Forward	Outside	Cross roll
	88	03'10"	03'10"	Right	Forward	Outside	Cross roll
	89	03'11"	03'12"	Left	Forward	Outside	Cross roll
	90	03'12"	03'14"	Right	Forward	Outside	Rocker
	91	03'14"	03'15"	Left	Forward	Inside	3 turn
	92	03'15"	03'18"	Right	Forward	Outside	Counter
	93	03'18"	03'19"	Left	Forward	Outside	Counter
	94	03'19"	03'21"	Right	Forward	Inside	Counter
	95	03'21"	03'22"	Left	Forward	Outside	Crossover
	96	03'22"	03'23"	Left	Forward	Outside	Crossover
	97	03'23"	03'25"	Left	Forward	Outside	Crossover
	98	03'23"	03'25"	Right	Forward	Outside	Crossover
	99	03'25"	03'25"	Left	Forward	Inside	Mohawk
	100	03'25"	03'27"	Right	Backward	Inside	Change edge
	101	03'27"	03'27"	Left	Backward	Outside	Crossover
	102	03'27"	03'29"				3 Toe loop jump

Part IV 01'53"–02'42"

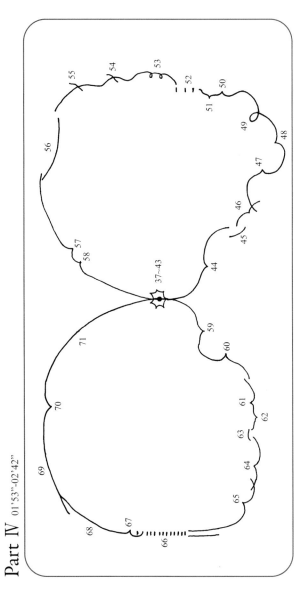

Part V 02'42"–03'29"

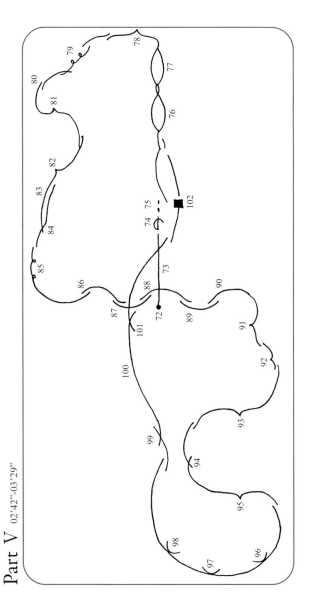

Part	Moves	From	To	Foot	Direction	Edge	Turn / Step / Jump
VI	103	03'29"	03'33"			Motion	3 turn
	104	03'33"	03'34"	Left	Forward	Outside	Crossover
	105	03'34"	03'35"	Left	Backward	Inside	Crossover
	106	03'35"	03'38"				2 Axel jump
	107	03'38"	03'39"				Hop
	108	03'39"	03'40"				Lunge
	109	03'40"	03'41"	Right	Forward	Inside	Twizzle
	110	03'41"	03'42"	Left	Forward	Outside	Crossover
	111	03'42"	03'43"	Left	Forward	Inside	Mohawk
	112	03'43"	03'46"				2 Axel jump
	113	03'46"	03'47"				Hop
	114	03'47"	03'48"				Lunge
	115	03'48"	03'49"	Right	Forward	Inside	Twizzle
	116	03'49"	03'49"	Left	Forward	Outside	Crossover
	117	03'49"	03'50"	Left	Forward	Inside	Mohawk
	118	03'50"	03'53"				2 Axel jump
	119	03'53"	03'54"				Hop
	120	03'54"	03'55"				Stop
VII	121	03'55"	04'05"			Motion	
	122	04'05"	04'08"			Flat	Sliding to Right
	123	04'08"	04'10"			Flat	Sliding to Left
	124	04'10"	04'10"				Turn over
	125	04'10"	04'13"			Flat	Sliding to Left
	126	04'13"	04'15"			Flat	Sliding to Right
	127	04'15"	04'16"				Turn over
	128	04'16"	04'18"			Flat	Sliding to Right
	129	04'18"	04'21"			Flat	Sliding to Left
	130	04'21"	04'22"	Right	Forward	Inside	3 turn
	131	04'22"	04'23"	Left	Forward	Outside	Crossover
	132	04'23"	04'24"	Left	Forward	Inside	Mohawk
	133	04'24"	04'25"			Motion	
	134	04'25"	04'26"				Toe Step
	135	04'26"	04'29"	Left	Forward	Outside	Mohawk
	136	04'29"	04'30"	Right	Backward	Outside	Crossover
	137	04'30"	04'30"	Left	Backward	Inside	Crossover
	138	04'30"	04'31"	Right	Backward	Outside	3 turn
	139	04'31"	04'32"	Left	Forward	Inside	Mohawk
	140	04'32"	04'32"	Left	Backward	Inside	Crossover
	141	04'32"	04'33"	Right	Backward	Inside	Crossover
	142	04'33"	04'35"	Right	Backward	Inside	Double 3 turn
	143	04'35"	04'35"	Left	Backward	Inside	Crossover
	144	04'35"	04'36"	Right	Backward	Inside	Change edge
	145	04'36"	04'36"	Left	Backward	Outside	Crossover
	146	04'36"	04'37"	Right	Backward	Outside	Counter
	147	04'37"	04'38"	Left	Forward	Outside	3 turn
	148	04'38"	04'41"			Motion	3 Salchow jump
	149	04'41"	04'42"	Right	Forward	Outside	Crossover
	150	04'42"	04'44"	Left	Forward	Outside	Twizzle
	151	04'44"	04'45"	Left	Forward	Outside	3 turn
	152	04'45"	04'46"	Right	Backward	Inside	Change edge
	153	04'46"	04'46"	Left	Backward	Outside	Crossover
	154	04'46"	04'47"	Left	Backward	Outside	Double 3 turn
	155	04'47"	04'50"			Inside	Hop
	156	04'50"	04'51"	Right	Backward	Inside	Crossover
	157	04'51"	04'52"	Left	Backward	Inside	Crossover
	158	04'52"	04'53"	Right	Backward	Inside	Crossover
	159	04'53"	04'55"			Motion	
	160	04'55"	04'56"	Right	Forward	Outside	3 turn
	161	04'56"	04'57"	Right	Backward	Inside	Crossover
	162	04'57"	04'58"	Right	Backward	Inside	Crossover
	163	04'58"	04'59"	Right	Backward	Inside	Crossover
	164	04'59"	05'01"	Left	Forward	Inside	Mohawk
	165	05'01"	05'06"				3 Lutz jump

Part VI 03'29"–03'55"

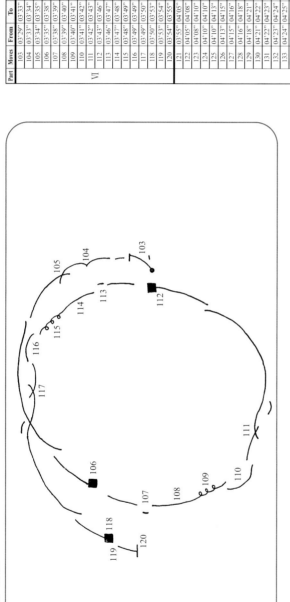

Part VII 03'55"–05'06"

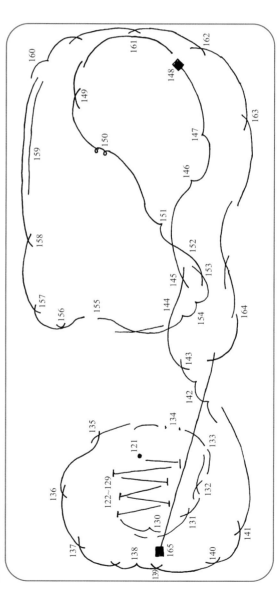

Part	Moves	From	To	Foot	Direction	Edge	Turn / Step / Jump
VIII	166	05'06"	05'08"			Motion	Run
	167	05'08"	05'10"	Right	Forward	Inside	Twizzle
	168	05'10"	05'11"				Stop
	169	05'11"	05'13"	Right	Forward	Inside	Counter
	170	05'13"	05'15"	Right	Backward	Inside	3 turn
	171	05'15"	05'18"			Motion	
	172	05'18"	05'18"	Left	Forward	Outside	Rocker
	173	05'18"	05'19"	Right	Backward	Outside	3 turn
	174	05'19"	05'21"				Run
	175	05'21"	05'22"	Left	Forward	Outside	Rocker
	176	05'22"	05'23"	Right	Backward	Inside	3 turn
	177	05'23"	05'23"	Right	Forward	Inside	3 turn
	178	05'23"	05'24"	Right	Backward	Outside	3 turn
	179	05'24"	05'26"	Right	Forward		Twizzle
	180	05'26"	05'28"			Flat	Spread eagle
	181	05'28"	05'30"	Left	Forward	Outside	Crossover
	182	05'30"	05'32"	Right	Forward	Inside	Counter
	183	05'32"	05'33"	Left	Backward	Outside	Choctaw
	184	05'33"	05'35"				Hop
	185	05'35"	05'38"			Motion	
	186	05'38"	05'38"	Left	Backward	Inside	Rocker
	187	05'38"	05'38"	Left	Forward	Inside	Rocker
	188	05'38"	05'38"	Left	Backward	Inside	Rocker
	189	05'38"	05'39"	Left	Forward	Inside	Rocker
	190	05'39"	05'39"	Left	Backward	Inside	Rocker
	191	05'39"	05'39"	Left	Forward	Inside	Rocker
	192	05'39"	05'39"	Left	Backward	Inside	Rocker
	193	05'39"	05'40"	Left	Forward	Inside	Rocker
	194	05'40"	05'45"	Left	Backward	Inside	Rocker
	195	05'45"	05'47"	Right	Backward	Motion	3 turn
	196	05'47"	05'51"	Left	Forward	Flat	Arabesque

Part	Moves	From	To	Foot	Direction	Edge	Turn / Step / Jump
IX	198	05'51"	05'55"	Left	Forward	Inside	Mohawk
	199	05'55"	05'55"	Right	Backward	Outside	Crossover
	200	05'55"	05'56"	Right	Forward	Outside	3 turn
	201	05'56"	05'57"	Right	Backward	Outside	Ballet Jump
	202	05'57"	05'59"	Right	Forward	Inside	Rocker
	203	05'59"	06'00"	Left	Backward	Outside	Crossover
	204	06'00"	06'01"				Run
	205	06'01"	06'02"	Left	Forward	Outside	Lunge
	206	06'02"	06'03"	Left	Forward	Inside	3 turn
	207	06'03"	06'05"	Right	Backward	Outside	Ballet Jump
	208	06'05"	06'07"	Right	Backward	Inside	Besti squat
	209	06'07"	06'08"	Left	Forward	Inside	Crossover
	210	06'08"	06'08"	Left	Backward	Outside	Mohawk
	211	06'08"	06'09"	Right	Forward	Inside	Crossover
	212	06'09"	06'11"	Right	Backward	Inside	Crossover
	213	06'11"	06'15"				Spread eagle
	214	06'15"	06'16"	Left	Forward	Outside	3 turn
	215	06'16"	06'18"	Right	Forward	Outside	Ballet Jump
	216	06'18"	06'19"	Right	Forward		Rocker
	217	06'19"	06'20"	Left	Backward	Inside	Crossover
	218	06'20"	06'21"	Right	Forward	Outside	Run
	219	06'21"	06'21"				Lunge
	220	06'21"	06'22"	Left	Forward	Outside	3 turn
	221	06'22"	06'24"	Left	Forward		Ballet Jump
	222	06'24"	06'25"	Left	Forward	Outside	Crossover
	223	06'25"	06'27"	Left	Forward	Outside	Swing roll
	224	06'27"	06'30"	Right	Backward	Inside	Besti squat
	225	06'30"	06'31"	Right	Forward	Inside	Crossover
	226	06'31"	06'37"	Left	Forward	Motion	3 turn
	227	06'37"	06'37"	Right	Backward	Inside	Crossover
	228	06'37"	06'37"			Motion	
	229	06'37"	06'38"	Right	Forward	Outside	3 turn

Part VIII 05'06"–05'51"

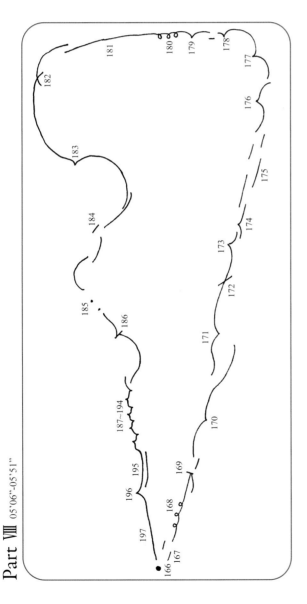

Part IX 05'51"–06'38"

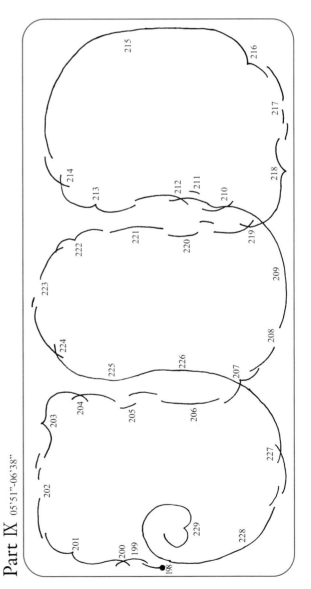

Part	Moves	From	To	Foot	Direction	Edge	Turn / Step / Jump
X	230	06'38"	06'42"			Motion	Crossover
	231	06'42"	06'43"	Left	Backward	Outside	Loop turn
	232	06'42"	06'45"	Right	Forward	Inside	Twizzle
	233	06'43"	06'45"	Right	Forward	Inside	Rocker
	234	06'45"	06'45"	Right	Backward	Inside	Rocker
	235	06'45"	06'46"	Right	Backward	Inside	Counter
	236	06'46"	06'47"		Backward	Inside	
	237	06'47"	06'48"				Hop
	238	06'48"	06'49"		Backward		Lunge
	239	06'49"	06'50"	Right	Backward	Inside	Loop turn
	240	06'50"	06'52"				Run
	241	06'52"	06'53"	Left	Forward	Outside	Rocker
	242	06'53"	06'54"	Right	Backward	Outside	Twizzle
	243	06'54"	06'57"	Right	Forward	Outside	Cross roll
	244	06'54"	06'57"	Right	Backward	Outside	Counter
	245	06'57"	06'57"	Right	Backward	Outside	Choctaw
	246	06'57"	06'58"	Left	Backward	Outside	3 turn
	247	06'57"	06'59"	Right	Forward	Inside	3 turn
	248	06'59"	07'04"		Forward	Motion	
	249	07'04"	07'06"	Right	Forward	Inside	Hop
	250	07'06"	07'06"	Left	Backward	Outside	Mohawk
	251	07'06"	07'07"	Right	Forward	Inside	Crossover
	252	07'07"	07'07"	Left	Forward	Outside	3 turn
	253	07'07"	07'07"	Right	Forward	Outside	Cross behind
	254	07'07"	07'08"	Right	Forward	Outside	Counter
	255	07'08"	07'09"	Left	Forward	Inside	Twizzle
	256	07'09"	07'10"	Right	Forward	Outside	Crossover
	257	07'10"	07'11"	Left	Backward	Inside	Loop turn
	258	07'11"	07'15"	Left	Forward	Outside	Chaines
XI	259	07'15"	07'20"			Motion	Run
	260	07'20"	07'22"				Lunge
	261	07'22"	07'24"			Motion	
	262	07'24"	07'26"			Motion	
	263	07'26"	07'29"			Motion	
	264	07'29"	07'31"			Motion	
	265	07'31"	07'34"				
	266	07'34"	07'35"	Left	Forward	Outside	3 turn
	267	07'35"	07'37"	Right	Backward	Inside	Crossover
	268	07'37"	07'38"	Right	Backward	Inside	Crossover
	269	07'38"	07'40"	Right	Backward	Inside	Crossover
	270	07'40"	07'41"	Left	Backward	Inside	Crossover
	271	07'41"	07'42"	Left	Backward	Inside	Crossover
	272	07'42"	07'43"	Left	Backward	Inside	Crossover
	273	07'43"	07'44"	Right	Backward	Inside	Crossover
	274	07'44"	07'46"	Left	Backward	Outside	3 turn
	275	07'46"	07'47"	Right	Backward	Outside	3 turn
	276	07'47"	07'48"	Right	Forward	Inside	Split jump
	277	07'48"	07'49"	Right	Backward	Outside	Mohawk
	278	07'49"	07'50"	Right	Forward	Inside	Split jump
	279	07'50"	07'51"	Right	Backward	Outside	Mohawk
	280	07'51"	07'52"	Right	Forward	Inside	3 turn
	281	07'52"	07'53"	Right	Backward	Outside	Mohawk
	282	07'53"	07'54"	Right	Forward	Inside	3 turn
	283	07'54"	07'54"	Right	Backward	Outside	Mohawk
	284	07'54"	07'55"	Right	Forward	Inside	3 turn
	285	07'55"	07'57"	Right	Backward	Outside	Split jump
	286	07'57"	07'58"	Right	Forward	Inside	Split jump
	287	07'58"	07'59"	Right	Backward	Outside	Twizzle
	288	07'59"	08'02"				Stop
							The end

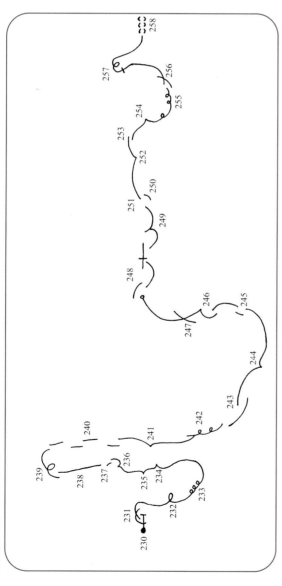

Part X 06'38"–07'15"

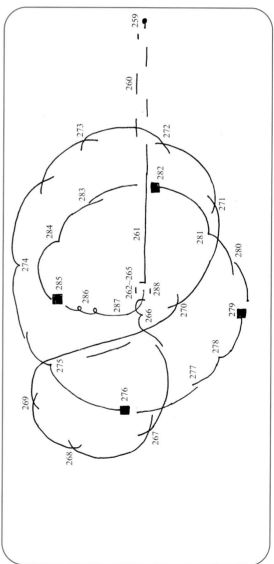

Part XI 07'15"–08'02"

アーカイブが拓くフィギュアスケートの未来

町田 樹

1. フィギュアスケートとアーカイブ
——世界フィギュアスケート博物館（米国・コロラド州）の取り組みを参照事例として

　米国コロラド州の中南部に位置するコロラドスプリングスは、ロッキー山脈を構成する山の一つ、パイクスピークの山麓に広がる風光明媚な都市である。それと同時にこの街は、「米国オリンピック・パラリンピック委員会」や「米国オリンピックトレーニングセンター」をはじめ、70種目以上の多岐にわたる様々な競技の国内統括組織（うち20種以上が五輪競技）が拠点を置いていることから、「オリンピック・シティー」（"Olympic City USA"）との愛称で呼ばれるほど、スポーツの街としてもよく知られている。かくして米国スポーツ文化を支える中枢機関が密集している街のダウンタウンから、7キロほど離れた閑静な住宅街にひっそりと溶け込むようにして、フィギュアスケートのアーカイブを考える上で欠かすことのできない、ある重要な機関が存在する。フィギュアスケートの殿堂を司り、歴史的資料の一大アーカイブが築き上げられている世界で唯一の施設、「世界フィギュアスケート博物館・殿堂」（The World Figure Skating Museum and Hall of Fame）である。

　米国スケート連盟（USFSA）の本部と併設されている博物館は、地上1階・地下1階の2つのフロアから成る施設であり、5ドルの観覧料を支払えば誰もが利用することができる。地上のフロアには主に、古代（8世紀頃）から近現代までのフィギュアスケートの歴史を概観することができる展示や、殿堂入りを果たした歴代の功労者たちの功績を伝える資料が陳列されている。一方、地下のフロアには、スケート靴や衣裳、トロフィー、ピンバッチ、ポスターなどの歴史的資料の他、フィギュアスケートが創作のテーマとなっている絵画や彫刻、陶磁器、写真などの芸術作品が展示されており、壮観である。またライブラリーには、英語圏に限らず世界中のあらゆる言語圏から寄せ集められた、辞典、教則本、伝記、歴史書、写真集、カタログ、小説、詩集、競技規則集、雑誌、研究書等のフィギュアスケート文献が納められている (註1)。さらに、こうした展示室とは別に設けられた保管庫の中には、ドイツの古いスケート専門紙 Deutscher Eis-Sport（1893年5月創刊）の世界で唯一現存する完全コレクションなど、常設展示には出展されない貴重な資料の数々が蔵置されている。この博物館にはその他にも、約2,000点にまでのぼる競技のプロトコル（結果記録）や、3,500点以上もの映像資料が保管されており、フィギュアスケートの領域においてまさに世界随一のアーカイブ機能を果たしていると言えるだろう。ちなみにこうした資料群は、博物館に常駐する専門のアーキビストによって日々管理され、展示や研究に利活用されている。

　筆者は、2017年10月24日から11月1日までの9日間、この世界フィギュアスケート博物館のアーカイブを調査し、基本的に以上に示した資料群に直接アクセスすることができた (註2)。このようにフィギュアスケートの領域においては、世界フィギュアスケート博物館が堅実かつ精密なアーカイブを構築しつつあるのである。

　ところが一転して国内のアーカイブ環境に目を向けてみると、フィギュアスケートに関するアー

米国コロラドスプリングス、世界フィギュアスケート博物館・殿堂の外観と展示の様子　Photos © Tatsuki Machida

カイブ機構は、中小規模の資料館（註3）がわずかに設置されているだけで、国内を統括する規模の
アーカイブ機構は未だ存在していない。このように国内におけるフィギュアスケートのアーカイブ
環境は未整備のまま膠着状態が続いており、このスポーツ文化を次世代へと継承する貴重な資料
の散逸や消失が危惧される。また実は、世界フィギュアスケート博物館は国際規模の一大アーカ
イブを構築してこそいるが、筆者が直接アーカイブに接してみると、そのコレクションからは資料
の劣化や収集力の限界が垣間見られ、決して万全と言える状態ではなかったことも同時に明らか
となった。そこで本論では、こうした問題を背景にフィギュアスケート界におけるアーカイブの存
在意義と可能性を考察していきたい。

2. アーカイブの意義と役割

ところで、そもそもなぜアーカイブは必要とされるのだろうか。
「アーカイブ」とは、記録や資料を保存・活用し未来へと継承していく機能のこと、もしくはそ
の機能を有した施設や仕組みのことを意味する用語である。本来は主に有形資料を収集・保存す
る公文書館や図書館、博物館、美術館などを指し示してきた言葉だが、1990年代以降は、有形・
無形を問わずあらゆる資料をデジタル化して保存・活用していく「デジタルアーカイブ」の取り組
みが、国内外を問わず世界的に発展している。とりわけ欧米諸国では、精力的にデジタルアーカ
イブの取り組みが推し進められている。欧州においては「ヨーロピアナ」(Europeana) が、米国で
は「グーグル」(Google) の他、「米国デジタル公共図書館」(Digital Public Library of America) が、各
アーカイブ機関によってデジタル化された文献、画像、映像、音楽、芸術作品などの資料群を統
合的に検索することができるポータルサイトの代表として機能し、デジタルアーカイブの分野を
牽引している。ユネスコも2003年10月に、「デジタル遺産の保護に関する憲章」("Charter on the
Preservation of the Digital Heritage") を採択し、デジタルアーカイブを奨励してきた。
他方、欧米諸国に比べて、日本におけるデジタルアーカイブへの取り組みは、多方面で遅れを
とってきたことが長年指摘されてきた（註4）。元来デジタルアーカイブという言葉は、1994年に月
尾嘉男によって考案された和製英語で、1996年に発足した「デジタルアーカイブ推進協議会」に
よって全国に普及した（註5）。この協議会は、国内におけるデジタルアーカイブ事業の振興を目的
として、文化庁や通商産業省（現経済産業省）、自治省（総務省）の他に、電機、印刷、メディア関連
の企業によって組織されたが、2005年に解散してしまう。その後の国内におけるデジタルアーカ
イブの推進事業については、2010年に文化資産のデジタル化とその情報発信の普及を目的として
発足した「デジタル文化財創出機構」や、2012年にナショナルアーカイブの設立と、デジタルアー

カイブ振興法の制定を目指して、各種文化資源の専門家や研究者、行政担当者などの有志で組織された「文化資源戦略会議」を中心に、活発に行われてきた。そして同会議が2014年に、「国立デジタルアーカイブ・センター」(NDAC) の設立などを柱としたデジタルアーカイブ振興政策である「アーカイブ立国宣言」を提言したことがさらなる追い風となり、産官学全ての領域で急速にデジタルアーカイブの推進事業が活性化してきている。こうした活動が功を奏し、2017年にはデジタルアーカイブ学会が設立され学術研究も盛んになると共に、日本のデジタルコンテンツを分野横断的に検索できるポータルサイト「ジャパンサーチ」(jpsearch.go.jp) の試験版が、2020年の正式運用に向けて稼働中である。

　このように近年、日本国内においても欧米諸国とは異なる独自の環境が整備されつつあるデジタルアーカイブであるが、これ程までに各国がこぞってアーカイブ構築に向けた取り組みを推進しようとする理由とは何か。文化資源戦略会議の中心メンバーでもあり、「アーカイブ立国宣言」の原案作成者でもある福井健策と中川隆太郎は、デジタルアーカイブの意義を次のように語っている。

　　　文化資源をデジタルアーカイブ化することの究極的な意義は、「知のインフラ」を整備する効果、すなわち、過去のすぐれた芸術作品や情報の蓄積をはかり、その継承や再活用、そして新たな創造につなげる知的な循環の場を生み出す効果を持つ点に集約される。(註6)

　その上で、文化資源戦略会議はデジタルアーカイブが創出する知的な循環の場が、「各種ビジネス・教育・研究・福祉・観光・まちづくり等に決定的に貢献するものである」(註7) との考えのもと、アーカイブの整備と利活用のための様々な施策を講じ、実行に移してきた。

　また、世界各地のアーカイブ関連機関、団体、個人を結び、相互連携を図ることを目的として、1948年に創設された「国際公文書館会議」(International Council on Archive, ICA) も、アーカイブの可能性を以下のように示している。

　　　アーカイブは、教育や研究の実現、娯楽やレジャーの提供、人権の保護やアイデンティティーの確証により、文明化されたコミュニティーが根を張り繁栄することを可能とさせる幅広い役割を、社会が担うことを可能にする。

　　　Archives enable society to undertake a wide range of roles that enable civilized communities to take root and flourish, from enabling education and research, providing entertainment and leisure, to protecting human rights and confirming identity. (註8)

　つまりデジタルアーカイブが築く「知のインフラ」には、人間の知的活動の源泉となって、社会全体のあらゆる分野を発展させることが期待されているのである。そしてこの点こそが、高度情報化社会と謳われる現代において、各国がデジタルアーカイブへの取り組みを激化させてきた最大の理由であると言えるだろう。

　翻って、スポーツも当然のことながら、人の知的活動によって成立する文化的な営為であるという点において、文化資源であると言える。その証左として、先に挙げたヨーロピアナにも「スポーツ」のカテゴリーが設けられ、アーカイブの対象となっている。こうしたスポーツアーカイブには、スポーツ文化そのものの発展はもとより、スポーツに関連するビジネス、教育、研究、福祉、観光の分野にも多大な便益をもたらすことが期待できるだろう。しかもオリンピックなどのメガスポー

ツイベントに象徴されるように、スポーツと社会が密接に結びついている現代においては、なおさらその効果は計り知れないのである。

3. アーカイブの対象とすべきフィギュアスケート関連資料

　では、具体的にフィギュアスケート界においては、いったい何をアーカイブすべきなのだろうか。ここではスポーツアーカイブに関する研究分野の動向を追いつつ、アーカイブの対象とすべき資料を整理してみたい。

　スポーツ庁は2017年に開始したスポーツ・デジタルアーカイブ推進事業の一環として、国内におけるスポーツアーカイブの現状を調査するための研究会議を設置した。同研究会議は、秩父宮記念スポーツ博物館・図書館を含む、国内の主要スポーツアーカイブ機関を対象としたヒアリング調査を実施し、その成果をスポーツ・デジタルアーカイブ構想の概要と共に公表している[註9]。そしてこの調査報告書に拠ると、スポーツアーカイブの対象となるべきスポーツ系資料は、「実物資料」と「情報資料」という2つの資料形態に分類する形で、体系的に整理することが可能とされる。まず「実物資料」には、一般的に博物館などで展示の対象となるようなメダルや競技器具、大会記念品等の物的資料が該当するとされている。次いで「情報資料」としては、①文書、②書籍・雑誌、③新聞、④写真、⑤映像資料・音声資料、⑥ネットワーク資料 (Webページ等) が挙げられている。

　実は、こうしてスポーツ系資料が体系的に整理される以前にも、例えば、かつて文化庁と秩父宮記念スポーツ博物館が主導したスポーツミュージアム連携・啓発事業である「国内のスポーツミュージアムの情報収集調査」では、スポーツ系資料が「実物資料」、「文書資料」、「記録資料」の3つの資料形態に分類されていたことがあった[註10]。しかし、同研究会議が「実物資料」と「情報資料」の分類形式で新たに提示し直したスポーツ系資料の体系は、国内ではじめて研究者と実務家 (アーキビスト) の両見識から導き出されたものであるという点において、スポーツアーカイブの基礎理論になり得ると評価することができるだろう。

　一方で、前述した国際公文書館会議のスポーツ局 (ICA/SPO) も、スポーツに関連する資料を列挙している[註11]。基本的に同局が認識するスポーツ系資料も、先に示した資料体系と概ね変わらない。しかし、そこには一点だけ先のスポーツ資料体系には欠落している重要な資料形態が挙げられている。それはデータベースである。スポーツに関連するデータベースとは、例えば、競技連盟に蓄積されている連盟登録者情報などが該当する。このようなデータベースは、個人情報を多く含むため、容易には誰もが利用できるオープンデータとして扱うことはできない。だが、そこから個人情報を除外すれば、データベースは競技者に関する人口統計データなどのスポーツ研究やスポーツマネジメントに資する、新たな資料の生成を可能にする情報基盤となり得るのである。

　以上を総括すると、フィギュアスケートの分野においてアーカイブの対象となるべき資料群は、【表1】のように体系的に表すことができる。ただし、デジタルアーカイブの技術が進歩した今、「情報資料」という名称は、ともすれば完全にデジタル化が可能な資料群である印象を与えかねない。確かに、物質そのものに最大の価値があり完全にデジタル化することが (2019年現在の技術では) 不可能な実物資料に比べて、情報資料に該当する資料群は、物質としてのメディアそのものよりも、そのメディアに記録 (固定) された情報にこそ価値がある。そのため特に情報資料は、その内容をデジタルに変換し、半永久的に破損することのない安定的な形態で保存することの意義が非常に

【表1】フィギュアスケート界においてアーカイブの対象とするべき資料群

情報資料	文献資料 （有形・出版物の場合）	**文書** 大会招致関連資料 / 大会実施要綱 / 大会報告書 / 建築図面 / 地図 / 競技規則 / 競技結果（プロトコル）/ 連盟公式文書 / 契約書　など
		書籍・雑誌 書籍（辞典・事典・競技規則集・教則本・伝記・歴史書・写真集・カタログ・文芸書・研究書）/ 記録集 / 機関誌 / 雑誌（専門誌）　など
		新聞 大会記録 / 選手インタビュー / 歴史　など
		写真 大会記録 / 選手　など
		映像資料・音声資料 大会記録映像 / ラジオ / 選手インタビュー / 映画 / テレビ番組（ドキュメンタリー・報道）/ 演技映像 / 演技音源　など
	データ資料	**データベース** 連盟登録者情報に基づく統計データ（競技者人口統計）　など
		インターネット資料（Webページ等） 大会速報 / 選手情報 / ブログ / SNS情報　など
実物資料	遺物資料	メダル / 賞状 / 聖火トーチ / ポスター / 競技器具 / ウェア / 記念品 / 関連イベントプログラム / 協賛企業のチラシ / 芸術作品（絵画・彫刻・陶磁器等）　など

註. スポーツ・デジタルアーカイブの利活用に関する調査研究会議（2018）6頁に示されているスポーツ系資料の体系に、筆者が加筆して作成した。

大きい。とはいえ物質的メディア自体には何の価値もないかというと、必ずしもそうとは限らない。とりわけ人文系の研究分野では、例えば、書物の細かな装丁や個人蔵の文献に見られる書き込みなど、メディア自体から多くの有益な情報を取得するケースが往々にしてみられる。こうした情報は、仮にデジタルアーカイブのみに依拠するようになり、有形物としての文献がむやみに破棄されてしまうような状況に陥れば、失われてしまう情報である。そのため情報資料の中でも有形物（出版物）であるものを、あえて文献資料と称し、物質としてのメディア自体も保存の対象としておきたい。文献資料は、ときに実物資料に近い性質を持つ資料となるのである。

　【表1】はフィギュアスケートに限らず、全てのスポーツ種目に共通する資料体系となるだろう。その中でもフィギュアスケートに固有の重要な資料としては、音源と楽曲情報が挙げられる。フィギュアスケートでは、音楽に応じた身体運動によって競技が展開されることから、音源はいわば競技道具とも言える資料である。すでに演技映像は、アーカイブの対象として十分に認識されているが、演技の音源は見落とされてきた。音源は著作権などの権利が絡む資料であるため、オープンデータ化することには様々な困難が伴うものであるが、せめて楽曲情報だけでもデータベース上にアーカイブできれば、その資料価値は非常に高いと考えられる。

　またフィギュアスケートの身体運動には、競技会以外にもエンターテインメントやアートなどの様々な場面に派生していく性質が備わっていることを忘れてはいけない。アイスショーやシルク・ドゥ・ソレイユが、その典型的な例である。従ってフィギュアスケートについては、スポーツの分野に留まらず、アートの分野において生成される資料群もアーカイブの範疇に収めるべきであろう。実際、世界フィギュアスケート博物館ではアイスショー関連の資料も積極的に収集していた。このようにフィギュアスケートという文化圏では、スポーツ系資料が物語る身体運動文化の歴史は、実は全体のごく一部に過ぎない。残りの部分は、アートやエンターテインメント系資料なくしては語ることができないのである。

4. アーカイブが築く文化としてのフィギュアスケート

【**表1**】の資料群の中でも、スポーツの本質を反映する最も重要な資料の一つとして、スポーツ映像が挙げられることに異議を唱える者はいないのではないだろうか。それ程までに、スポーツ映像はスポーツを語る上で必要不可欠な資料（一次資料）であると言えよう。とりわけフィギュアスケートに至っては、スポーツとアートの重複領域に存立する身体運動文化であるだけに、他のスポーツとは異なって、なおさら映像のアーカイブが以下の点で必要不可欠なのである。ここからはフィギュアスケート界に新機軸をもたらすと予想されるアーカイブの活用方法を5つ提示して、本論を締め括ることとしたい。

⑴ アーカイブはフィギュアスケートの振付と実演をめぐる創作振興に資する

スポーツ中継番組などで収録されたフィギュアスケートの映像は、大抵の場合、各放送事業者のデータベースに保存され、余程のことがない限り再び放送されることもなければ、一般に公開されることもない。このような宝の持ち腐れに等しい状況を打開し、統合的なアーカイブを構築して過去のフィギュアスケート映像が体系的に視聴可能な状態になれば、スケーターや振付師、コーチ、観戦・鑑賞者等によって良質な作品が何度でも見返されることで、彼ら／彼女らに学習や教育の機会がもたらされることだろう。それは必ずやフィギュアスケートの創作振興に繋がり、競技の強化や普及に寄与するものと考えられるのである。

⑵ アーカイブによってフィギュアスケートの振付と実演を客体とした著作権および
　著作者隣接権の一括集中管理が可能となる

従来、スポーツの演技はいかなるものであったとしても著作物として認められることはないと考えられてきた。しかし筆者の近年の研究によって、あらゆるスポーツの中でも唯一、フィギュアスケートをはじめとする「アーティスティック・スポーツ」(註12)の演技は、著作物に該当し得ることが明らかとなった(註13)。これはすなわち、フィギュアスケートの演技が舞踊と同様に、著作物として市場に流通させることができるコンテンツであることを意味するのである。

そして、フィギュアスケートの映像が本書PART Ⅱに記載しているような諸作品に関するクレジット情報と共にアーカイブされていれば、振付や実演が記録された資料と著作権情報が集約されることになる。こうして情報が集約されていれば、演技の再演やフィギュアスケート映像の再放送等によって、振付や実演が二次利用される際に発生する権利処理の手続きや、利用許諾料の分配を円滑に済ませることができる。かくしてアーカイブを基盤とした一括集中管理システムは、フィギュアスケート映像の二次利用を活性化させるだろう。なお仮にフィギュアスケート映像と、その被写体となっている振付および実演にかかる著作権の一括集中管理システムを構築するのであれば、（ここではその論拠の詳細は割愛するが）そのイニシアチブを握るべきは間違いなく競技連盟（ISUや各国のスケート連盟）であると言えよう。

⑶ アーカイブによってフィギュアスケート界においても古典の創出と再演が可能となる

著作権は基本的に情報の独占権である。そのため著作物として認められるフィギュアスケートの振付も、著作権者に該当する者以外の他者が無断で利用することはできない。しかし大事な点なのだが、そもそも著作権制度は何も、情報の独占を許すためにのみ存在しているわけではない。むしろ上手く著作権をマネジメントすれば、「公共」にその情報を解放することが可能だろう。そ

の最たる例が音楽であると言える。例えば音楽の分野では、JASRAC等の著作権一括管理事業が存在することで、誰もが適正な価格の使用料を支払えば、様々な場面で音楽を利用することが可能となるのである。

しかしフィギュアスケート界の現状では、たとえ傑作が生まれたとしても、その振付を他者が再現することはない。なぜならば、他者の振付をそのまま利用することは剽窃に当たり、倫理的に問題があるだろうという抑制が効いているからである。その結果、フィギュアスケートの振付は短期間で忘却の彼方に消える運命にある。ところが、フィギュアスケートの振付が著作物であることを認めた上で、創作者に付与される著作権を適切に管理したとすれば、どうであろうか。人は「著作権者に許諾を得れば、その振付を利用することができる」と、認識するはずである。そうなれば、良質で利用価値のある振付は何度でも再演されることで、永く継承されていくことになるだろう。また再演の質を維持するために、演者も技術や表現を磨いていくことになる。そしてこのような価値観の転換こそが、フィギュアスケート界に「古典」や「マスターピース」を生み出すイノベーションとなるのである。ただし以上のアイデアは、演技の映像や、本書でもすでに紹介した「フィギュア・ノーテーション」のような舞踊譜などの振付を再現するために必要となる資料のアーカイブに加え、振付を客体とする著作権の管理システムが構築されなければ、決して実現することのない机上の空論となることに留意したい。

⑷ アーカイブはフィギュアスケートをめぐる批評のインフラとなる

批評の前提は、評価の対象となる作品を「実見すること」である。ただし時空間芸術の性質を持つフィギュアスケートの身体運動については、たった一度きりしか訪れることがない直接観戦・鑑賞の機会を逃せば、二度と同じ演技を実見することは叶わない。しかしフィギュアスケート映像のアーカイブが充実して存在することで、スケーターのパフォーマンスが展開される刹那的な時間を、再現可能な状態に変換することが永続的に可能となる。それゆえに評価対象となるフィギュアスケートの身体運動と時空間を共にしていない後発の者にとっては、アーカイブこそが批評の唯一の源泉となり、そこから何度でも味わうに足る「作品」が語り継がれていくことになろう。

⑸ デジタルアーカイブは将来的に競技の採点を司ることになると予想されるAIの頭脳そのものとなる

体操界では、2020年の東京五輪を目処に、演技の採点補助システムであるAI（人工知能）が導入される。そして今後間違いなく、フィギュアスケートの分野においても競技にAIが介入することになるだろう。こうしたAIを開発する際にも、デジタルアーカイブはAIの知識体系を作り上げる上で必要不可欠となる。とりわけ将来登場するであろう演技の採点を司るAIにとっては、演技映像や電子化した「フィギュア・ノーテーション」のようなデジタル資料が、選手のパフォーマンスに評価を下すための判断基準や思考回路そのものとなるからである。

AIは（今のところは）決して全知全能の神ではない。基本的には、あくまで人間がインプットする情報（データ）と、インストールする思考体系（パラダイムとなる概念やルール、アルゴリズム等）次第で、AIの能力は決まる（註14）。従ってAIを競技に介入させる場合、より優れたAIを開発するためにも、映像をはじめとする【表1】のデジタルアーカイブを構築することは、もはやAIの教育者としての立場にある我々人間に課せられた義務であるとも言えるだろう。

このようにフィギュアスケートの分野におけるアーカイブの活用方法をいくつか例として挙げ

てみただけでも、映像を筆頭とする【表1】に示された資料群のアーカイブが、新たな創造を生起させる「知のインフラ」として、いかに重要な役割を担っているかがわかる。またアーカイブはスポーツ文化の歴史を物語る証拠にもなれば、将来の行く末を最善の方向へと合理的に導くための判断基準にもなる。従ってアーカイブの規模と質は、すなわちそのスポーツ文化の成熟度と発展可能性を表すバロメーターになると言っても過言ではないだろう。文化としてのフィギュアスケートを築くためには、何よりも知的活動の源泉となるアーカイブの整備が必要となるのである。

〈註〉

1) 筆者の調査では、1818年から現在に至る英語、フランス語、ロシア語、ドイツ語、スウェーデン語、チェコ語、日本語圏の文献を確認することができた。

2) この調査は、笹川スポーツ財団による「笹川スポーツ研究助成」（2017年度）の助成金を受けて実施したものである。

3) 管見の限りスケート競技に関する資料館としては、財団法人南部忠平記念財団、富士急スケーターズミュージアム、下諏訪町立諏訪湖博物館、早来町スポーツセンター、札幌ウィンタースポーツミュージアムの5件を挙げることができる。

4) 福井健策（2014）205-235頁および文化資源戦略会議（2014）11-26頁を参照。

5) 「デジタルアーカイブ」の語源とデジタルアーカイブ推進協議会の歩みについては、影山幸一（2015）3-25頁を参照のこと。

6) 福井健策・中川隆太郎（2014）255頁。

7) 文化資源戦略会議（2014）13頁。

8) 国際公文書館会議ホームページ（https://www.ica.org）の"Why Archiving ?"から抜粋した一文。なお日本語訳は筆者によるものである。

9) スポーツ・デジタルアーカイブの利活用に関する調査研究会議（2018）を参照。

10) スポーツミュージアム連携・啓発事業実行委員会（2016）4頁を参照。

11) Section on Sports Archives within ICA（2003）1頁を参照。

12) 筆者が提唱したスポーツの概念で、「評価対象となる身体運動の中に、音楽に動機付けられた表現行為が内在するスポーツ」を意味する。

13) 町田樹（2019）を参照のこと。

14) ただし、ディープラーニングを取り入れたレベル4のAIに関しては、人間がルールや概念を与えなくとも自力でそれらを学習し物事を判断することができるため、当て嵌まらない。

〈参考文献〉

文化資源戦略会議（2014）「アーカイブ立国宣言」、福井健策・吉見俊哉監修『アーカイブ立国宣言——日本の文化資源を活かすために必要なこと』ポット出版、pp.11-26.

福井健策（2014）『誰が「知」を独占するのか——デジタルアーカイブ戦争』集英社.

福井健策・中川隆太郎（2014）「デジタルアーカイブ振興法制定の意義と今後の方向性」、福井健策・吉見俊哉監修『アーカイブ立国宣言——日本の文化資源を活かすために必要なこと』ポット出版、pp.253-271.

影山幸一（2015）「忘れ得ぬ日本列島——国立デジタルアーカイブセンター創設に向けて」、岡本真・柳与志夫編『デジタル・アーカイブとは何か——理論と実践』勉誠出版、pp.3-25.

町田樹（2019）「著作権法によるアーティスティック・スポーツの保護の可能性——振付を対象とした著作物性の画定をめぐる判断基準の検討」『日本知財学会誌』第16巻第1号、pp.73-96.

Section on Sports Archives within ICA（2003）Statement of Objectives, SPO/ICA, available at https://www.ica.org/sites/default/files/SPO_2003_Strategy_Objectives_EN.pdf.

スポーツ・デジタルアーカイブの利活用に関する調査研究会議（2018）「スポーツ・デジタルアーカイブ構築に向けた基本的な考え方」スポーツ庁、available at http://www.mext.go.jp/prev_sports/comp/a_menu/sports/micro_detail/__icsFiles/afieldfile/2019/02/04/1389219_02.pdf.

スポーツミュージアム連携・啓発事業実行委員会（2016）「国内のスポーツミュージアムの情報収集調査——アンケート調査の実施報告書」文化庁、available at https://www.jpnsport.go.jp/muse/Portals/0/report-questionnaire.pdf.

2012年12月中旬、広島ビッグウェーブにて　提供：朝日新聞社

フィギュアスケートとアーカイブの意味

おもなプログラム

《タンゴ・ジェラシー》
2009-2010 SP　振付：荻山華乃　音楽：Celos
作曲：ヤコブ・ゲーゼ　衣裳：設楽友紀

《カサブランカ》
2009-2011 FS　振付：阿部奈々美　音楽：映画
「カサブランカ」オリジナル・サウンドトラックよ
り　作曲：マックス・スタイナー　衣裳：設楽友紀

《レジェンド・オブ・フォール》
2010-2011 FS　振付：阿部奈々美　音楽：映画
「レジェンド・オブ・フォール」より　作曲：ジェー
ムズ・ホーナー　衣裳：設楽友紀

《黒い瞳》
2010-2012 SP　振付：宮本賢二　音楽：「黒い瞳」
演奏：ラカトシュ・アンサンブル　衣裳：設楽友紀

《ドン・キホーテ》
2011-2012 FS　振付：ステファン・ランビエル
音楽：「ドン・キホーテ」より　作曲：レオン・ミン
クス　衣裳：設楽友紀

《アランフェス》
2011-2012 EX　振付：荻山華乃　音楽：「アラン
フェス」　作曲：ホアキン・ロドリーゴ・ビドレ　演
奏：ハーブ・アルパート　衣裳：設楽友紀

《DON'T STOP ME NOW》
2010-2013 EX　振付：荻山華乃　音楽：「Don't
Stop Me Now」　作曲：フレディ・マーキュリー
演奏：クイーン　衣裳：設楽友紀

《ロシュフォールの恋人たち》
2012-2013 EX　振付：宮本賢二　音楽：映画「ロ
シュフォールの恋人たち」サウンドトラックより
フィナーレ　作曲：ミシェル・ルグラン

《F.U.Y.A.》
2012-2013 SP　振付：ステファン・ランビエル
音楽：「F.U.Y.A.」　作曲・演奏：C2C　衣裳：設楽
友紀

《白夜行》
2013-2014 EX　振付：町田樹　音楽：「白夜行」
サウンドトラックより「白夜を行く」　作曲：河野
伸　音楽編集：長峰直人　衣裳：設楽友紀

《エデンの東》
2013-2014 SP　振付：フィリップ・ミルズ　音
楽：「エデンの東」サウンドトラックよりフィナー
レ　作曲：リー・ホールドリッジ　演奏：ロンドン
交響楽団　音楽編集：Studio Unisons　衣裳：設
楽友紀／伊藤聡美

《火の鳥》
2012-2014 FS　振付：フィリップ・ミルズ　音
楽：「火の鳥」　作曲：イーゴリ・ストラヴィンスキー
演奏：新日本フィルハーモニー交響楽団　指揮：久
石譲　音楽編集：Studio Unisons　衣裳：設楽友
紀／ジャン・ロングマイヤー

《エデンの東——セレブレーション》
2014-2015 EX　振付：フィリップ・ミルズ　音
楽：「エデンの東」サウンドトラックより フィナー
レ　作曲：リー・ホールドリッジ　演奏：ロンドン
交響楽団　衣裳制作：伊藤聡美

《Je te veux》
2014-2015 EX　振付・衣裳原案：町田樹　音楽：
「ジュ・トゥ・ヴ」　作曲：エリック・サティ　演奏：
羽田健太郎　音楽編集：矢野桂一　衣裳制作：伊藤
聡美

《交響曲第九番》
2014-2015 FS　振付：フィリップ・ミルズ　音
楽：「交響曲第九番」　作曲：ルートヴィヒ・ヴァ
ン・ベートーヴェン　演奏：ウィーン・フィルハー
モニー管弦楽団　指揮：レナード・バーンスタイン
音楽編集：Studio Unisons　衣裳原案：Atelier
t.e.r.m　衣裳制作：伊藤聡美

《ヴァイオリンと管弦楽のための
幻想曲》
2014-2015 SP　振付：フィリップ・ミルズ　音
楽：「ヴァイオリンと管弦楽のための幻想曲」　作
曲：ナイジェル・ヘス　演奏：ジョシュア・ベル
音楽編集：Studio Unisons　衣裳原案：Atelier
t.e.r.m　衣裳制作：設楽友紀

《継ぐ者》
2015年　監修・衣裳原案：Atelier t.e.r.m　振付：
町田樹　音楽：「即興曲集」作品90 第3番　作曲：
フランツ・シューベルト　演奏：今井顕　音楽編
集：矢野桂一　衣裳制作：伊藤聡美

《あなたに逢いたくて
～Missing You～》
2016年　監修・衣裳原案：Atelier t.e.r.m　振付：
町田樹　音楽：「あなたに逢いたくて ～Missing
You～」　歌唱：松田聖子　作詞：松田聖子　作曲：
松田聖子、小倉良　音楽編集：矢野桂一　衣裳制
作：設楽友紀

《アヴェ・マリア》
2016年　監修・衣裳デザイン：Atelier t.e.r.m
振付：町田樹　音楽：「クリス・ボッティ・イン・ボ
ストン」より「アヴェ・マリア」　作曲：フランツ・
シューベルト　指揮：キース・ロックハート　演奏：
クリス・ボッティ／ボストン・ポップス・オーケス
トラ　音楽編集：矢野桂一　衣裳制作：伊藤聡美

《ドン・キホーテ ガラ2017：
バジルの輝き》
2017年　監修・衣裳デザイン：Atelier t.e.r.m
振付：町田樹　音楽：「ドン・キホーテ」より　作
曲：レオン・ミンクス　指揮：ナイデン・トドロフ
演奏：ソフィア国立歌劇場管弦楽団　音楽編集：矢
野桂一　衣裳制作：設楽友紀　照明協力：株式会社
東京舞台照明

《白鳥の湖：
ジークフリートとその運命》
2017年　監修・衣裳原案：Atelier t.e.r.m　振付：
町田樹　音楽：「白鳥の湖」より　作曲：ピョート
ル・イリイチ・チャイコフスキー　指揮：ワレリー・
ゲルギエフ　演奏：マリインスキー劇場管弦楽団
音楽編集：矢野桂一　衣裳協力：設楽友紀　照明協
力：株式会社 テレビ東京アート

《ボレロ：起源と魔力》
2018年　監修・衣裳原案：Atelier t.e.r.m　振付：
町田樹　音楽：「ボレロ」　作曲：モーリス・ラヴェ
ル　指揮：シャルル・デュトワ　演奏：モントリ
オール交響楽団　音楽編集：矢野桂一　照明協力：株式
会社 東京舞台照明　衣裳協力：設楽友紀

《ダブル・ビル
——そこに音楽がある限り》
2018年　監修・衣裳原案：Atelier t.e.r.m　振付：
町田樹　音楽編集：矢野桂一　衣裳協力：設楽友
紀　照明協力：株式会社 テレビ東京アート
第1作品《楽興の時 第3番》
音楽：「楽興の時」第3番　作曲：フランツ・シュー
ベルト　編曲：レオポルド・ゴドフスキー　演奏：
今井顕
第2作品《愛の挨拶》
音楽：「愛の挨拶」　作曲：エドワード・エルガー
演奏：五嶋みどり、ロバート・マクドナルド

《人間の条件
——マーラー・アダージェット》
2018年　監修・衣裳原案：Atelier t.e.r.m　振付：
町田樹　音楽：「交響曲第5番」第4楽章 アダー
ジェット　作曲：グスタフ・マーラー　指揮：ヘル
ベルト・フォン・カラヤン　演奏：ベルリン・フィ
ルハーモニー管弦楽団　音楽編集：矢野桂一　衣
裳協力：設楽友紀　照明協力：株式会社 テレビ東
京アート

おもな戦歴

シーズン	日 付	大 会 名	開 催 地	TFP	SP	FS	順 位
1999/2000	10/2-3	中四国九州選手権	福岡・福岡	3.0		3	3（ノービスB）
	11/13-14	第3回全日本ノービス選手権	東京・新宿	7.0		7	7（ノービスB）
2000/2001	9/30-10/1	中四国九州選手権	福岡・福岡	2.0		2	2（ノービスB）
	10/28-29	第4回全日本ノービス選手権	千葉・松戸	4.0		4	4（ノービスB）
2001/2002	9/29-30	中四国九州選手権	福岡・博多	4.0		4	4（ノービスA）
	10/27-28	第5回全日本ノービス選手権	兵庫・神戸	4.0		4	4（ノービスA）
2002/2003	10/26-27	第6回全日本ノービス選手権	埼玉・川越	4.0		4	4（ノービスA）
	2/8-11	第23回全国中学校スケート大会	北海道・河西	2.0		4	4（男子A）
2003/2004	10/4	中四国九州選手権	福岡・福岡	5.0	4	3	3（ジュニア）
	11/1-3	西日本ジュニア選手権	愛知・名古屋	10.0	6	7	7
	11/21-23	第72回全日本ジュニア選手権	京都・京都	2.0	14	12	12
	2/8-9	第24回全国中学校スケート大会	群馬・前橋	1.5		3	3（男子A）
2004/2005	8/25-28	ジュニアグランプリ・クールシュヴェル大会	フランス・クールシュヴェル		11（44.07）	7（86.87）	7（130.94）
	10/9-10	中四国九州選手権	島根・平田		3（41.17）	3（91.57）	3（132.74）/（ジュニア）
	10/29-31	第21回西日本ジュニア選手権	広島・広島		4（54.05）	6（87.97）	6（142.02）
	11/20-21	第73回全日本ジュニア選手権	大阪・大阪		8（49.82）	8（100.85）	7（150.67）
	1/29-2/2	第60回国民体育大会冬季大会	山梨・甲府	12.0	10	7	8（少年男子）
	2/6-8	第25回全国中学校スケート・アイスホッケー大会	宮城・黒川	1.0			2（男子A）
	2/19-20	スケートヒロシマ2005フィギュア	広島・広島		1（55.50）	2（95.69）	2（151.19）
	4/2-3	第26回中四国選手権	香川・木田		1（47.86）	1（93.87）	1（141.73）/（ジュニア）
2005/2006	9/15-17	ジュニアグランプリ・タリンカップ	エストニア・タリン		11（39.01）	10（81.46）	10（120.47）
	10/1-2	中四国九州選手権	福岡・博多		5（35.76）	3（78.12）	3（113.88）
	10/13-15	ジュニアグランプリ・バルティックカップ	ポーランド・グダニスク		8（46.85）	8（89.90）	7（136.75）
	11/4-6	第22回西日本ジュニア選手権	京都・京都		6（44.79）	2（100.14）	3（144.93）
	12/10-11	第74回全日本ジュニア選手権	長野・長野		4（54.34）	5（92.00）	5（146.34）
	1/22-26	第55回全国高等学校スケート競技選手権	北海道・苫小牧	6.5	5	4	5（男子A）
	1/29-2/1	第61回国民体育大会冬季大会	北海道・苫小牧	5.5	5	3	3（少年男子）
	2/25-26	スケートヒロシマ2006中国新聞杯争奪大会	広島・広島		1（52.23）	1（98.94）	1（151.17）
	3/27-31	ガルデナスプリングトロフィー	イタリア・ガルデナ		6	3	5（121.61）
2006/2007	9/14-16	ジュニアグランプリ・メキシコカップ	メキシコ・メキシコシティ		5（43.50）	3（49.95）	4（140.61）
	9/30-10/1	中四国九州選手権	島根・出雲		1（48.80）	1（93.87）	1（142.67）
	10/20-22	ジュニアグランプリ・リベレツ大会	チェコ・リベレツ		1（57.78）	2（105.51）	2（163.29）
	11/3-5	第23回西日本ジュニア選手権	愛知・名古屋		1（62.75）	1（103.07）	1（165.82）
	11/25-26	第75回全日本ジュニア選手権	広島・広島		1（60.35）	2（105.03）	1（165.38）
	12/27-29	第75回全日本選手権	愛知・名古屋		7（60.44）	14（96.94）	13（157.38）
	1/22-25	第56回全国高等学校スケート競技	栃木県・宇都宮	3.0	2	2	2（男子A）
	1/27-30	第62回国民体育大会冬季大会	群馬・前橋	3.5	3	2	2（少年男子）
	2/27-3/3	世界ジュニア選手権	ドイツ・オーベルストドルフ		17（50.88）	9（106.17）	9（157.05）
	3/31-4/1	第28回中四国選手権	島根・出雲		1（46.91）	1（93.11）	1（140.02）
2007/2008	9/13-15	ジュニアグランプリ・ウィーンカップ	オーストリア・ウィーン		7（53.10）	9（96.41）	9（149.51 ）
	9/29-30	中四国九州選手権	福岡・博多		1（61.91）	1（109.29）	1（171.20）
	10/19-21	ジュニアグランプリ・ジョン・カリー・メモリアル	イギリス・シェフィールド		2（59.51）	1（117.69）	1（177.20）
	11/2-4	第24回西日本ジュニア選手権	福岡・博多		3（52.07）	3（101.06）	3（153.13）
	11/24-25	第76回全日本ジュニア選手権	宮城・仙台		8（48.53）	5（103.68）	7（152.21）
	1/20-24	第57回全国高等学校スケート競技	山梨・甲府	3.0	4	1	2（男子A）
	1/26	第63回国民体育大会冬季大会	長野・長野	2.5	3	1	1（少年男子）
	2/23-24	スケートヒロシマ2008	広島・広島		4（53.45）	3（98.34）	3（151.79）
	3/29-30	第29回中四国選手権	広島・広島		1（55.85）	1（111.61）	1（167.46）

シーズン	日付	大会名	開催地	SP	FS	順位
2008/2009	9/25-28	ジュニアグランプリ・マドリードカップ	スペイン・マドリード	2 (59.48)	6 (99.49)	3 (158.97)
	10/3-5	中四国九州選手権	島根・出雲	1 (49.82)	1 (113.45)	1 (163.27) / (ジュニア)
	10/25-26	第2回西日本学生選手権	大阪・高石		1 (105.42)	1 (105.42) / (Aクラス)
	11/1-3	第25回西日本ジュニア選手権	大阪・大阪	1 (63.10)	1 (105.53)	1 (168.63)
	11/23-24	第77回全日本ジュニア選手権	愛知・名古屋	1 (69.85)	3 (111.06)	2 (180.91)
	12/25-27	第77回全日本選手権	長野・長野	5 (70.33)	8 (113.40)	7 (183.73)
	1/4	第81回日本学生氷上競技選手権	青森・三沢	4 (51.60)	1 (109.43)	1 (161.03) / (男子A)
	1/27-31	第64回国民体育大会冬季大会	青森・三沢	1 (60.15)	8 (86.42)	6 (146.57) / (成年男子)
	2/18-28	24th 冬季ユニバーシアード	中国・ハルビン	4 (64.70)	7 (108.46)	5 (173.16)
2009/2010	10/10-12	近畿選手権	大阪・高石	1 (70.00)	1 (125.13)	1 (195.13)
	10/23-25	第3回西日本学生選手権	大阪・高石		1 (128.38)	1 (128.38) / (男子A)
	10/30-11/1	第35回西日本選手権	岡山・倉敷	1 (74.35)	1 (122.55)	1 (196.90)
	12/2-6	NRWトロフィー	ドイツ・ドルトムント	7 (66.32)	3 (129.02)	6 (195.34)
	12/25-27	第78回全日本選手権	大阪・門真	4 (75.35)	4 (139.67)	4 (215.02)
	1/27-30	四大陸選手権	韓国・全州	6 (69.60)	2 (147.88)	2 (217.48)
2010/2011	9/23-25	ネーベルホルン・トロフィー	ドイツ・オーベルストドルフ	1 (71.41)	1 (149.81)	1 (221.22)
	10/9-11	近畿選手権	滋賀・大津	1 (67.02)	2 (140.50)	2 (207.52)
	11/5-6	GPカップ・オブ・チャイナ	中国・北京	7 (66.78)	6 (134.17)	5 (200.95)
	11/19-20	GPカップ・オブ・ロシア	ロシア・モスクワ	12 (56.37)	9 (120.64)	11 (177.01)
	12/23-26	全日本選手権	長野・長野	5 (73.75)	6 (130.36)	6 (204.11)
	1/26-29	第66回国民体育大会冬季大会	青森・三沢	1 (76.84)	1 (135.05)	1 (211.89)
	2/3-5	冬季アジア大会	カザフスタン・アスタナ	2 (71.58)	6 (116.26)	4 (187.84)
	2/26-27	スケートヒロシマ2011	広島・広島	1 (76.58)	1 (134.85)	1 (211.43)
	4/7-10	トリグラフ・トロフィー	スロベニア・イェセニツェ	1 (77.32)	1 (159.33)	1 (236.65)
2011/2012	10/8-10	近畿選手権	兵庫・尼崎	1 (78.61)	1 (127.51)	1 (206.12)
	11/11-13	GP NHK杯	北海道・札幌	5 (72.26)	6 (123.19)	7 (195.45)
	12/8-11	ゴールデンスピン	クロアチア・ザグレブ	2 (73.34)	1 (155.29)	1 (228.63)
	12/22-25	第80回全日本選手権	大阪・門真	3 (74.64)	6 (138.84)	4 (213.48)
	2/9-12	四大陸選手権	アメリカ・コロラドスプリングス	4 (82.37)	10 (125.67)	7 (208.04)
2012/2013	10/4-6	オンドレイ・ネペラ・メモリアル	スロバキア・ブラチスラバ	1 (77.82)	1 (149.76)	1 (227.58)
	10/19-21	GPスケートアメリカ	アメリカ・シアトル	4 (75.78)	2 (154.17)	3 (229.95)
	11/2-3	GPカップ・オブ・チャイナ	中国・上海	2 (83.48)	1 (153.44)	1 (236.92)
	12/6-8	グランプリファイナル	ロシア・ソチ	6 (70.58)	6 (128.05)	6 (198.63)
	12/20-23	第81回全日本選手権	北海道・札幌	8 (68.48)	8 (137.69)	9 (206.17)
	3/22-24	クープ・ド・プランタン	ルクセンブルク・コッケルシュエール	2 (61.47)	1 (120.11)	2 (181.58)
2013/2014	8/8-11	アジアン・オープン・トロフィー	タイ・バンコク	1 (72.70)	1 (153.51)	1 (226.21)
	9/26-29	近畿選手権	大阪・高石	1 (85.31)	1 (155.88)	1 (241.19)
	10/17-20	GPスケートアメリカ	アメリカ・デトロイト	1 (91.18)	1 (174.20)	1 (265.38)
	11/1-4	第39回西日本選手権	京都・京都	1 (93.66)	1 (147.71)	1 (241.37)
	11/22-24	GPロステレコム・カップ	ロシア・モスクワ	2 (84.90)	1 (172.10)	1 (257.00)
	12/5-8	グランプリファイナル	福岡・福岡	6 (65.66)	4 (170.37)	4 (236.03)
	12/20-23	第82回全日本選手権	埼玉・さいたま	2 (93.22)	2 (96.92)	2 (277.04)
	2/6-23	冬季オリンピック	ロシア・ソチ	11 (83.48)	4 (169.94)	5 (253.42)
	2/6-23	冬季オリンピック (団体)	ロシア・ソチ		3 (165.85)	5 (チーム日本)
	3/24-29	世界選手権	埼玉・さいたま	1 (98.21)	2 (184.05)	2 (282.59)
2014/2015	10/24-26	GPスケートアメリカ	アメリカ・シカゴ	1 (93.39)	1 (175.70)	1 (269.09)
	11/21-22	GPトロフィー・エリック・ボンパール	フランス・ボルドー	2 (88.70)	2 (149.04)	2 (237.74)
	12/11-13	グランプリファイナル	スペイン・バルセロナ	2 (87.82)	6 (128.31)	6 (216.13)
	12/25-28	第83回全日本選手権	長野・長野	2 (90.16)	5 (152.45)	4 (242.61)

TFP＝順位点　　SP＝ショートプログラム　　FS＝フリースケーティング　　GP＝グランプリシリーズ

おわりに

　スポーツにとって、身体芸術にとって、「記録」とは一体何だろうか。すべてが「ライブ」の中で進行し終了する世界だからこそ、観客（オーディエンス）は選手や演者との一体感や熱狂を心の底から楽しみ、感動することができる。その一方で、観終わったあとの私たちに残された映像や写真は、大事な記念ではあっても、あのときの「熱狂」のほんのわずかしか再現できないと、考えがちである。それがさらには、演者を引退してしまった者の「記録」なら、なおさら喪失感の方が先に募るかもしれない――。

　本書は、町田樹を含む私たちAtelier t.e.r.mが、「フィギュアスケートにとって記録とは何か」について、その理想の形を模索し、挑戦したものである。もちろん本人のポートレートや演技の魅力を存分に伝えることを主眼としながらも、逆には「ライブでは伝わらないことは何か」を懸命に考え、それを本書に最大限盛り込んだ。それによって読者は、一人のフィギュアスケーターが、オリンピアンという最高の栄誉を得るまでの過程、そしてその後一人のアーティストに変貌していくまでの間、彼とその周囲に何が起きたのかを、可能な限り正確に、そして初めて知ることが出来ただろう。現代のスポーツ、とりわけフィギュアスケートは社会の注目度も高く、スケーターたちは時に浅薄なマスコミの取材にも晒されるだけに、しばしば「現実」と「伝えられること」との乖離が見られる。しかもフィギュアスケートは「アーティスティックスポーツ」であるために、スポーツ的な視点と芸術的視点の双方が注がれなければ、その真の姿を捉えることはできない。読者は本書の中に、制作陣の視点（PART Ⅰ）、現場スタッフや関係者の視点（PART Ⅲ）、そして研究者の視点（PART Ⅳ）の全てを合わせ鏡のようにして立ち上がる、PART Ⅱの素晴らしい演技写真の数々を改めて堪能して頂けると信じている。またPART Ⅳの町田によるアーカイブ論は、いわば本書を「メタ」の視点で問い直す学術論文であり、同時に「フィギュア・ノーテーション」は、従来の舞踊譜にインスピレーションを得つつ、地上の舞踊とは決定的に違う氷上芸術の記譜のあり方を模索した、初めての事例である。このパートについては今後、学術界からの応答も得ることを期待したい。

　そして本書は、実は次の二つの書籍「と共に」ぜひ読んで頂きたいという思いを、私たちは強く持っている。重要な記事をここに挙げておくと――

『町田樹の世界 別冊 World Figure Skating』新書館、2018年10月
　　　「巻頭インタビュー　町田樹、最後の作品を語る」／「高岸直樹×町田樹 《ボレロ》の魔力に魅せられて」／「町田樹さんへのメッセージ：松田聖子、河野伸、中村祥子、武田砂鉄、クリス松村、佐藤紀子、小林宏一、芳賀竜也、大西勝敬、フィリップ・ミルズ」／「浜野文雄　REVIEWS：《継ぐ者》から《ボレロ》まで」（註＝浜野氏による《ダブルビル》および《人間の条件》のレビューは、『ワールド・フィギュアスケート』第83号、新書館、2018年12月に収録）／「読者投稿企画　町田樹作品に贈る言葉」

『KISS & CRY SPECIAL BOOK 町田樹の地平』東京ニュース通信社、2018年12月
　　　「町田樹スペシャルインタビュー：フィギュアとバレエの対話」／「西岡孝洋×板垣龍佑対談：コメンタリーの領分と町田樹が変えた世界」／「読者投稿企画　ファンアートの世界、町田樹に贈るアートの花束」

　両書は、町田樹がプロフィギュアスケーターからも引退した2018年10月前後に出版されたが、本書には再録されていない歴代コーチや関係者からの言葉、町田のバレエの師でもある高岸氏との対談、町田振付実演作品の批評、二人の名実況者の局を超えての対談、など重要な記事が、本書

2018年10月6日、ジャパンオープンの大会後、満場の観客にあいさつ　写真提供：The Asahi Shimbun/Getty Images

と補完しあう形ですでに存在している。その上、何と言っても、何千通にも及んだ読者からの「贈る言葉」と「贈るアート作品」は、町田のライブ実演のために振られたバナー作品から、ライブ実演の「後」にこそ生まれ出る観客の方々の素晴らしい「言葉」と愛すべき「アート」の数々まで、しみじみと味わうことができるだろう。これらもまた従来に無かった企画の実現であった。

　ここまで一年の年月をかけてじっくりと制作された本書を前に、改めて様々な方々への感謝の思いが沸き上がってきます。

　まずは左記の書籍を含め、本書に「お言葉」を寄せてくださった関係各所の皆さまへ、町田樹より心から御礼申し上げます。歴代コーチの教えから始まり、ありとあらゆる立場のプロフェッショナルの方々が、どれほど自分を支え、励まし、またプロの仕事をもって私の目指す「総合芸術としてのフィギュアスケート」の実現に力を貸してくださったか、本当に御礼の言葉もありません。皆さまのお言葉を通して、読者もまた、フィギュアスケート界を支えてくださる方々の「真剣勝負」を、実感して頂けると確信しております。

　そして最後に、町田樹を含むAtelier t.e.r.mのメンバー全員から、本書をついに実現させて下さった（株）新書館に心から御礼申し上げます。本書企画を提案して下さった当初より、企画・取材・編集・デザインのすべての側面において、その熟練の腕を存分に発揮してこの素晴らしい書物に仕上げて頂きました。それだけでなく、町田作品への愛着と愛惜、そして何よりもフィギュアスケートへの情熱を、私たちは随所で感じることとなりました。私たちがこの本に込めた企図を即座に理解し、ここまで形にして下さったことに、深く敬意と感謝の念を捧げたいと思います。

　本書のカバー裏にはあの凜としたポラリスを、そして見返しにはあの小麦畑に吹き渡る風を、皆さまは見いだすことでしょう。同時に、読者の皆さまが本書の中に自分だけの新たな発見をして下さるなら、それに勝る喜びはありません。

2019年 夏の盛りの東京にて

Atelier t.e.r.m

町田 樹（まちだ たつき）

1990年3月9日、神奈川生まれ。3歳からフィギュアスケートを始める。2013年全日本選手権で2位となり、ソチ・オリンピックに出場。団体・個人戦5位入賞。翌月の世界選手権では初出場で銀メダルを獲得。2014年12月28日、全日本選手権最終日の世界選手権代表発表の場で、競技引退を電撃発表。2015年以降、早稲田大学大学院で研究者の道を進みながら、プリンスアイスワールド、カーニバル・オン・アイスなどで自ら振付け、自ら滑る作品を発表。テレビ解説者としても活躍。2018年より慶應義塾大学・法政大学非常勤講師。同年10月6日、プロスケーターを引退。

Atelier t.e.r.m（あとりえ たーむ）

Atelier t.e.r.mは、競技者時代の最終段階から現在に至るまで、町田樹の競技および芸術活動を支えてきた匿名の制作家集団。日本在住の複数の研究者、芸術家から構成され、町田もメンバーの一人となっている。「フィギュアスケートは総合芸術である」という信条に基づき、フィギュアスケートプログラムの総合プロデュースを手掛けている。

決定版作品集

そこに音楽がある限り
──フィギュアスケーター・町田樹の軌跡──

2019年10月6日　初版第1刷発行

編　著　Atelier t.e.r.m

発行者　三浦和郎

発　行　株式会社 新書館
　　　　〒113-0024　東京都文京区西片 2-19-18　電話 03（3811）2851
　（営業）〒174-0043　東京都板橋区坂下 1-22-14　電話 03（5970）3840　FAX 03（5970）3847

印　刷　株式会社 加藤文明社

製　本　株式会社 若林製本工場